有人/无人机协同作战决策建模与优化

钟赟 张杰勇 孙鹏 程海燕 王勋 刘彬 著

国防工业出版社

·北京·

内容简介

本书基于对当前研究情况的系统梳理和分析，对有人/无人机协同作战中的平台编成计划生成、任务执行计划生成、突发事件触发决策分配、平台编成与任务执行计划调整、目标攻击自主与干预决策等 5 个关键决策问题开展研究，建立了实现可变自主、敏捷适变有人/无人机协同作战体系的方法思路和技术途径，可为有人/无人机协同作战决策理论、系统和技术发展提供一定借鉴作用。

本书可以作为无人机作战专业和指挥信息系统工程专业的研究生教材，并适合于作战体系建模与分析、作战计划制定、人—机决策系统设计等研究领域科研人员阅读。

图书在版编目（CIP）数据

有人/无人机协同作战决策建模与优化／钟赟等著.
北京：国防工业出版社，2025.6. -- ISBN 978-7-118-13800-9

Ⅰ．E844

中国国家版本馆 CIP 数据核字第 2025Y9H853 号

※

国防工业出版社出版发行
（北京市海淀区紫竹院南路 23 号　邮政编码 100048）
北京虎彩文化传播有限公司印刷
新华书店经售

*

开本 710×1000　1/16　印张 12　字数 210 千字
2025 年 6 月第 1 版第 1 次印刷　印数 1—1500 册　定价 98.00 元

（本书如有印装错误，我社负责调换）

国防书店：(010)88540777　　书店传真：(010)88540776
发行业务：(010)88540717　　发行传真：(010)88540762

前　言

空中作战无人化、网络化和智能化的趋势催生了有人/无人机协同作战这一典型作战样式,而空中作战多样任务、多元力量和多变环境等突出特征,对有人/无人机协同作战决策效率和质量提出了很高要求。有人/无人机协同作战相关理论和实践表明,实现可变自主、敏捷适变的人—机决策是有人/无人机协同作战决策问题研究的重要方向,是协同作战体系基于信息优势掌握决策优势,并夺取行动优势的关键环节。然而,对于如何找准可变自主、敏捷适变的协同作战决策内核,并在理论、方法和技术上加以实现,是值得深入研究的重要问题。

本书在总结有人/无人机协同作战相关发展现状基础上,具体分析其体系组成以及决策结构、过程和复杂性,探索构建有人/无人机协同作战决策框架,并从问题分析、模型建立、算法求解和仿真分析等层面开展相关研究。本书的撰写目的是根据作者对有人/无人机协同作战决策的理解和认识,结合多年来在该领域的研究成果,以执行对地面目标搜索、打击和评估任务为基本作战想定,从如何进行有人机和无人机平台编成、如何确定无人机与任务的执行匹配关系、如何进行突发事件处理权分配并自适应分配决策权限、如何进行平台编成计划与任务执行计划的动态调整、如何实现协同目标攻击自主与干预决策等方面出发,提出实现有人/无人机协同作战决策的技术路线,为相关领域研究人员提供对于该研究的框架、思路和方法。

本书的主要内容包括：①有人/无人机协同作战应用背景、主要模式和试验验证情况；②有人/无人机协同作战决策现状、框架和组织；③有人/无人机协同作战决策的构建模型和具体方法。

在章节安排上，第1章对有人/无人机协同作战的基本情况进行了阐述，分析了有人/无人机协同作战的应用背景，建立了对有人/无人机协同作战主要模式的基本认识，并总结了有人/无人机协同作战试验验证情况。第2章对有人/无人机协同作战决策进行了总体分析，主要包括理论、系统和技术等不同层面的发展现状，基于决策复杂性分析形成包含决策结构和层级化决策模型在内的决策框架，以及任务联盟、Holon组织和计算数学组织等不同类型决策组织形式。第3章针对平台编成计划生成问题，为构建鲁棒的有人/无人机协同作战体系，以最小化目标距离和为优化目标建立目标聚类模型，以最小化能力冗余代价为优化目标建立平台匹配模型，并分别采用优选初始簇中心的贪心聚类算法和多目标约束处理离散人工蜂群算法进行求解。第4章针对任务执行计划生成问题，为实现快速的有人/无人机协同作战任务执行，以最小化任务完成总时间为优化目标建立任务执行模型，并采用约束处理改进离散粒子群算法进行求解。第5章针对突发事件处理权分配问题，为实现战场突发事件的优化处理，以最大化突发事件处理收益值为优化目标建立处理权分配模型，并采用K-best与变邻域搜索混合算法进行求解。基于突发事件处理后的战场态势，综合考虑多种影响因素，根据实际属性值与专家经验值的交叉熵和确定决策权限分配结果。第6章针对任务执行计划调整问题，为实现作战计划的敏捷调整，以最小化任务完成总时间为优化目标建立任务执行计划调整模型，并采用贪心策略算法进行求解。针对平台编成和任务执行计划先后调整问题，以最小化需支援无人机数量和任务完成总时间为优化目标建立平台编成和任务执行计划先后调整模型,并采用两阶段贪心策略算法进行求解。第 7 章针对协同目标攻击决策问题,为实现协同目标攻击的自主与干预融合决策,在无人机自主决策阶段,结合基于规则的模糊认知图和直觉模糊认知图,提出基于混合模糊认知图的无人机自主攻击决策方法;在无人机自主决策困难时,设计有人机环境干预、知识干预和推理干预的干预决策策略和转进机制。

由于有人/无人机协同作战决策涉及知识面较为宽广,且作者本身能力和精力限制,对相关问题的理解和认识可能存在偏颇之处,敬请读者和专家批评指正。

本书的出版得到了装备预研基金(2024A030100)和陕西省自然科学基础研究项目(2023-JC-QN-0728)的资助,在此表示感谢。

作 者

2025 年 1 月

目 录

第1章 绪论 ··· 1
  1.1 有人/无人机协同作战应用背景 ··································· 1
    1.1.1 作战平台无人化应用 ······································· 1
    1.1.2 作战形态智能化演进 ······································· 3
    1.1.3 作战决策网络化组织 ······································· 4
  1.2 有人/无人机协同作战主要模式 ··································· 5
    1.2.1 有人/无人机协同对空作战 ································ 6
    1.2.2 有人/无人机协同对地作战 ································ 8
    1.2.3 有人/无人机协同对海作战 ································ 10
  1.3 有人/无人机协同作战试验验证 ··································· 12
    1.3.1 系统架构 ·· 12
    1.3.2 信息交互 ·· 13
    1.3.3 协同控制 ·· 14
    1.3.4 自主协同 ·· 15

第2章 有人/无人机协同作战决策总体分析 ·················· 17
  2.1 有人/无人机协同作战决策现状 ··································· 17
    2.1.1 协同作战决策理论 ·· 17
    2.1.2 协同作战决策系统 ·· 20
    2.1.3 协同作战决策技术 ·· 22
  2.2 有人/无人机协同作战决策框架 ··································· 28

　　　　2.2.1　协同作战决策复杂性 ·· 30
　　　　2.2.2　协同作战决策结构 ·· 32
　　　　2.2.3　协同作战决策模型 ·· 36
　　2.3　有人/无人机协同作战决策组织 ··· 38
　　　　2.3.1　有人/无人机任务联盟 ·· 39
　　　　2.3.2　有人/无人机 Holon 组织 ·· 44
　　　　2.3.3　有人/无人机计算数学组织 ··· 50

第3章　有人/无人机协同作战平台编成计划生成方法 ················· 65
　　3.1　平台编成计划生成分析 ·· 65
　　　　3.1.1　相关研究情况 ··· 65
　　　　3.1.2　建模基础分析 ··· 67
　　3.2　平台编成计划建模 ··· 69
　　　　3.2.1　目标聚类模型 ··· 69
　　　　3.2.2　平台匹配模型 ··· 70
　　3.3　模型求解算法 ·· 71
　　　　3.3.1　目标聚类模型求解算法 ·· 72
　　　　3.3.2　平台匹配模型求解算法 ·· 74
　　3.4　具体案例分析 ·· 79
　　　　3.4.1　实验案例设定 ··· 79
　　　　3.4.2　实验结果分析 ··· 82

第4章　有人/无人机协同作战任务执行计划生成方法 ················· 88
　　4.1　任务执行计划生成分析 ·· 88
　　　　4.1.1　相关研究情况 ··· 88
　　　　4.1.2　建模基础分析 ··· 89
　　4.2　任务执行计划建模 ··· 90
　　　　4.2.1　目标函数选取 ··· 90

目录

    4.2.2 约束条件分析 …………………………………… 90
  4.3 模型求解算法 ………………………………………… 92
    4.3.1 粒子编码和解码 …………………………………… 93
    4.3.2 避免局部最优机制 ………………………………… 95
    4.3.3 资源分发策略 ……………………………………… 95
  4.4 具体案例分析 ………………………………………… 97
    4.4.1 实验案例设定 ……………………………………… 98
    4.4.2 实验结果分析 ……………………………………… 99

第5章 突发事件触发的动态决策分配方法 …………… 104
  5.1 动态决策分配分析 …………………………………… 104
    5.1.1 相关研究情况 …………………………………… 105
    5.1.2 建模基础分析 …………………………………… 106
  5.2 动态决策分配建模 …………………………………… 110
    5.2.1 突发事件处理权分配模型 ……………………… 111
    5.2.2 决策权限自适应分配模型 ……………………… 115
  5.3 模型求解算法 ………………………………………… 117
    5.3.1 处理权分配模型求解算法 ……………………… 118
    5.3.2 决策权限分配模型求解算法 …………………… 120
  5.4 具体案例分析 ………………………………………… 124
    5.4.1 突发事件处理权分配 …………………………… 124
    5.4.2 决策权限自适应分配 …………………………… 130

第6章 平台编成与任务执行计划适应性调整方法 …… 134
  6.1 计划调整分析 ………………………………………… 134
    6.1.1 相关研究情况 …………………………………… 134
    6.1.2 建模基础分析 …………………………………… 136
  6.2 计划调整建模 ………………………………………… 138

6.2.1 编组内部协调模型 …………………………………… 139
　　　6.2.2 编组外部协作模型 …………………………………… 140
　6.3 模型求解算法 ………………………………………………… 143
　　　6.3.1 编组内部协调模型求解算法 ………………………… 143
　　　6.3.2 编组外部协作模型求解算法 ………………………… 144
　6.4 具体案例分析 ………………………………………………… 145
　　　6.4.1 实验案例设定 ………………………………………… 146
　　　6.4.2 实验结果分析 ………………………………………… 147

第7章 协同目标攻击自主与干预决策方法 …………………………… 154
　7.1 攻击决策分析 ………………………………………………… 154
　　　7.1.1 相关研究情况 ………………………………………… 154
　　　7.1.2 建模基础分析 ………………………………………… 155
　7.2 攻击决策建模 ………………………………………………… 162
　　　7.2.1 本地状态信息 ………………………………………… 162
　　　7.2.2 外部环境信息 ………………………………………… 163
　　　7.2.3 攻击目标信息 ………………………………………… 164
　7.3 攻击决策策略 ………………………………………………… 165
　　　7.3.1 无人机自主决策推理 ………………………………… 165
　　　7.3.2 有人机干预决策策略 ………………………………… 170
　7.4 具体案例分析 ………………………………………………… 172
　　　7.4.1 权值矩阵集结生成 …………………………………… 172
　　　7.4.2 自主/干预决策实现 …………………………………… 174

参考文献 ………………………………………………………………… 177

第1章 绪 论

在新军事变革背景下,未来战争形态将按照机械化战争→信息化战争→智能化战争的图景次第展开。依赖于"分布式作战""马赛克战""蜂群作战"等作战理念牵引,以及态势感知技术、智能决策技术、协同控制技术和远程通信技术的不断发展,未来空中联合作战体系将向有人/无人机协同作战方向发展。按照作战模式不同,有人/无人机协同作战主要包括对空作战和对面作战(又可细分为对地作战和对海作战),本书所称有人/无人机协同作战,主要是指对地作战。

1.1 有人/无人机协同作战应用背景

现代战争中,无人机被广泛应用,其主要作战任务由在安全区域执行侦察探测等作战保障任务向在前沿区域执行目标攻击等主战任务转变。为了充分发挥有人机指挥员决策智慧和无人机自主决策能力,将有人机和无人机组成混杂协同作战体系,执行对空、对面作战任务,是提高空中作战效能的重要途径。

1.1.1 作战平台无人化应用

分布式、网络化作战背景下,空中战场环境复杂性、动态性和对抗性特征日益凸显,空中作战力量的前沿部署有利于我方夺取信息优势、构建认知优势、形成决策优势,并最终实现行动优势,从而缩短我方观察、判断、决策、行动（Observe, Orient, Decide, Act, OODA）循环周期并打破敌方 OODA 循环，最终掌握战场主动权。而无人机相对于有人机的长航时、低价值、小尺寸、高机动等特性，提高了无人机这一新质空中作战力量前沿部署的现实操作性，其广泛应用具有以下优势。

1. 无人机的长航时特性使得空中作战组织更具弹性

传统空中作战组织一般包括机场起飞、高空巡航、任务机动、任务执行、任务返航、飞行下滑、机场降落等过程，组织筹划周期较长；且由于传统有人机指挥员生理、心理状态限制，任务执行时间相对较短。而无人机航时相对较长，能够在较长时间内保持空中巡航待战状态，在需要执行相应任务时，能够快速响应、快速到达、快速执行，提高了空中作战的灵活性。

2. 无人机的低价值特性有利于贯彻分布式作战理念

分布式作战是指，将高价值多用途的有人作战平台能力，如红外探测、电子信号/光学成像/SAR 成像侦察、火力打击、通信中继、电子干扰等能力，分解部署到大量小型无人作战平台，通过少量有人作战平台和大量无人作战平台的协同，充分合理配置各种作战能力，形成协同作战体系，完成作战任务。这种分布式作战能够克服高价值有人作战平台生存能力较差、技术升级困难、系统灵活性不足等问题，降低作战成本，支持作战能力快速集成，提升整个作战体系的稳健性和适应性。

3. 无人机的小尺寸、高机动特性提高了平台安全性

在采用与有人机类似复合材料时，相对有人机而言，无人机尺寸较小，其雷达反射面积（Radar Cross Section, RCS）较同类有人机更小，采用隐身设计后，RCS 降幅更大，可有效降低敌方雷达探测可能性，大为提升平台战场适应能力。同时，无人机机上无人，不受指挥员生理与心理极限限制,其飞行性能大为提升,在面对敌方导弹攻击时,能够实现高过载机动进行规避,有效提高了战场生存能力。

1.1.2 作战形态智能化演进

在民用领域得到广泛应用的人工智能(Artificial Intelligence,AI)技术,其应用触角正在向军用领域不断延伸,由此产生了军事智能化的崭新概念。

作为近年来的高频热词,"智能"一词通常与"自主"同时出现,两者既有联系,又有区别。自主表征的是行为方式,智能表征的是支撑相应行为方式的行为能力,即智能是自主的基础,只有具有一定的智能能力,才能达到相应的自主控制等级(Autonomous Control Level, ACL)。

根据美国空军对自主控制等级的定义,无人机自主控制等级被分为10级,从低层到高层分别对应非自主、单机自主、多机自主和集群自主。图1.1所示为各自主控制等级下的无人机功能架构。

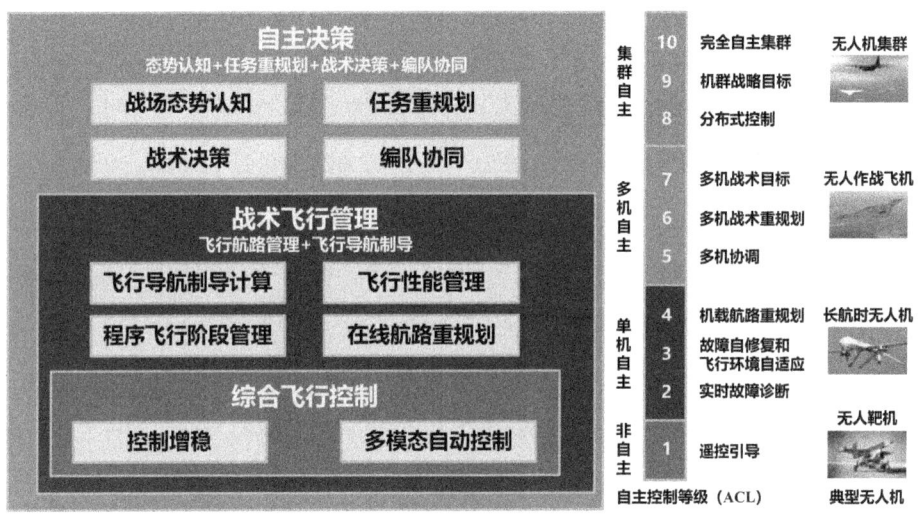

图1.1 各自主控制等级下的无人机功能架构

任何一种作战理念从概念提出到实践落地的过程都不是一蹴而就的,无人机的完全自主在短期内难以实现。目前,美军典型现役无人机中,MQ-1"捕食者"的 ACL 为 2 级,RQ-4"全球鹰"和 RQ-8"火力侦察兵"的 ACL 为 3 级,MQ-9"收割者"的 ACL 为 3~4 级。

因此,将拥有有限智能的无人机与有人机进行平台编成,充分发挥有人机指挥员决策直觉、经验、智慧优势和无人机有限自主决策优势,实现能力互补,按照"有人机主导的有人/无人机协同→两者对等的有人/无人机协同→无人机主导的有人/无人机协同→无人机全自主"的路线发展是符合实际、易于实现的。

1.1.3 作战决策网络化组织

作战决策是为达到特定作战目的而制定可供决策者选择的方案计划,并由决策者决定采取特定方案计划的过程,其不仅包括确定作战决心,还应拓展到方案计划的制定,即决策是一个包括决断、计划及优选的完整过程。算法战、指挥与控制战等作战思想的兴起,再次揭示了一个基本作战原理:决策活动是所有军事行动中的核心活动,决策优势是作战双方竭力获取的核心优势。

当前,借助于网络化信息系统,作战信息纵向传输速度加快、横向互通能力增强,作战信息的网络化流转和作战平台本身决策智能化水平的提高,使得作战决策组织形式也发生了深刻变化。美军积极推动将现有层级式作战决策结构向矩阵式、网络化转变,通过任务式指挥,赋予拥有足够决策能力的下级决策单元以充分决策权限,从而确保作战体系能够根据实时战场态势做出灵活、自主的决策反应,并有效实现作战决策自组织、协同行动自同步、战场态势自适应。同时,作战决策网络化组织并不意味着指挥员作为决策主体会脱离作战环路,脱离指挥员控制的作战活动是不存在的。

总之,有人/无人机协同作战是无人机大量运用但智能水平不足的产物,有其特定产生条件,其形成发展经历了较长时间周期。以美军为代表的外军通过系列化发展路线图牵引有人/无人机协同作战发展方向:美国国防部在2013年发布的《无人机综合路线图2013—2038》中指出,先进有人/无人编队技术(Manned/Unmanned Teaming,MUM-T)是美国重返亚太战略转向的优先发展事项,其通过载荷资源、决策资源的分布式部署和动态、灵活的平台编成,有效完成作战任务。2014年,美国提出"第三次抵消战略",并指出其中五大重点发展领域:自主学习技术、人机协作技术、机器辅助人类作战技术、先进有人/无人编队技术、网络使能武器技术,可以看到,有人/无人机协同作战涉及多个不同领域。2018年8月,美国国防部发布的《无人系统综合路线图2017—2042》指出,未来无人系统应聚焦跨域协同、跨域指控以及跨域通信,并将互操作、自主性、网络安全和人机协同作为关键主题。在这种背景下,需要从理论、系统和技术等多方面对有人/无人机协同作战开展体系化研究,更好促进我军空中协同作战能力提升。

1.2 有人/无人机协同作战主要模式

有人/无人机协同作战按照作用域划分可分为对空作战、对地作战和对海作战三大类,对地作战和对海作战本质是对面作战的子类。具体地,对空作战包括协同对空预警探测、协同制空作战、协同电磁频谱作战等,对地作战包括协同对地侦察监视、协同对地攻击等,对海作战包括协同反舰作战、协同反潜作战等。实际上,由于以往研究较少区分对空和对面不同场景,客观造成对不同场景下有人/无人机协同研究缺乏专门性、针对性。

1.2.1　有人/无人机协同对空作战

从对空作战的任务场景来看,相比于更加注重进攻性的对地作战,对空作战同时兼具进攻性和防御性两个方面,典型任务包括空中掩护、扫荡肃清、预警探测、协同空战、空中巡逻和拦截驱离等。从对空作战的作战节奏来看,相比于计划性、确定性更强的对地作战,对空作战的攻防转换节奏更快、战场态势的不确定性更强。从对空作战的作战对手来看,相比于固定性、静态性更强的对地作战,对空作战对手的战术配合和欺骗更加多样,战场态势动态性、博弈对抗性更强。综上所述,有人/无人机协同对空作战对无人机的自主性水平、任务理解能力、综合态势感知能力和编队高效协同能力要求更高。

1. 协同对空预警探测

传统预警探测模式下,通常由预警机或具备强态势感知能力的四代机充当空中预警探测节点。但预警机和四代机作为高价值目标造价较高,且预警机雷达反射面积较大、四代机执行预警探测任务易暴露自身。因此,基于有人机和前置无人机,开展空基双/多基地体制下的协同对空预警探测,能够有效提升对空预警探测体系反隐身、抗干扰和抗摧毁能力。

具体地,由预警机、四代机等有人/无人机协同执行对空预警探测任务,是有效利用收发分置原理,将有人机后置进行雷达照射、无人机前置进行目标信号接收,无人机接收到目标信号后进行信号预处理,并及时传送到有人机上进行融合处理的过程。这种协同对空预警探测模式能够在确保有人机安全基础上扩展其预警探测范围,并提高了编队预警探测的抗干扰能力。图 1.2 所示为有人/无人机协同对空预警探测示意图。

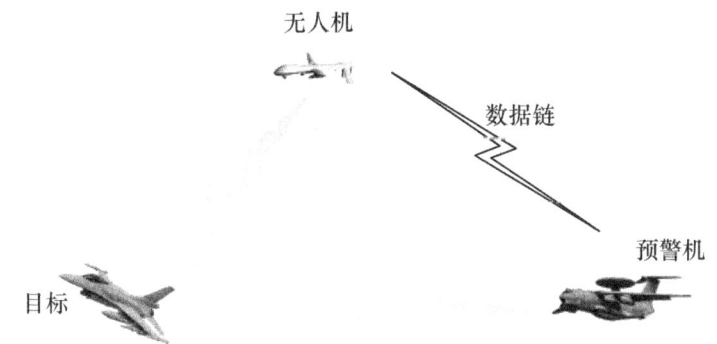

图 1.2　有人/无人机协同对空预警探测

2. 协同制空作战

有人/无人机协同制空作战,是由具有远距探测能力的有人机与具有一定隐身性能且携带制导弹药的无人机进行平台组合,无人机充当有人机的前进"射手",协同对空中目标进行攻击。

在这种作战应用场景下,由一架有人机带领多架无人机执行对空中目标攻击任务,有人机在相对后方开启雷达进行目标探测,无人机保持雷达静默并突前高速隐蔽接敌至其武器作用范围,有人机将目标指示信息通过协同网络向无人机进行实时传输,并下达无人机武器发射指令,从而实现对敌空中目标的协同攻击。图 1.3 所示为有

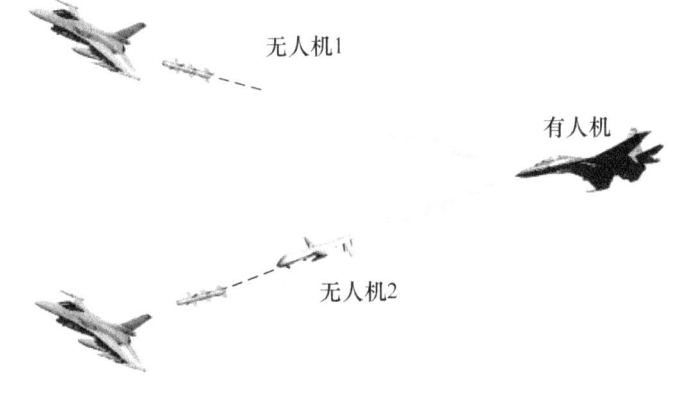

图 1.3　有人/无人机协同制空作战

人/无人机协同制空作战示意图。

3. 协同电磁频谱作战

有人/无人机协同电磁频谱作战,是由有人机与无人机、无人机与无人机组成低功率、智能化、分布式协同网络,对敌空中预警指挥节点、火力控制节点、通信链路节点开展电子攻击,达成破网断链效果。

在这种作战应用场景下,有人机组成隐身编队与无人机伴飞,有人机控制挂载电磁频谱作战装备的无人机前突,无人机通过电磁频谱作战装备侦测到敌方信号后,通过电子干扰手段对其进行压制干扰,以对敌空中组网关键节点实施电磁攻击,便于挂载远程攻击弹药的有人机在取得一定电磁压制效果基础上进行火力攻击。图 1.4 所示为有人/无人机协同电磁频谱作战示意图。

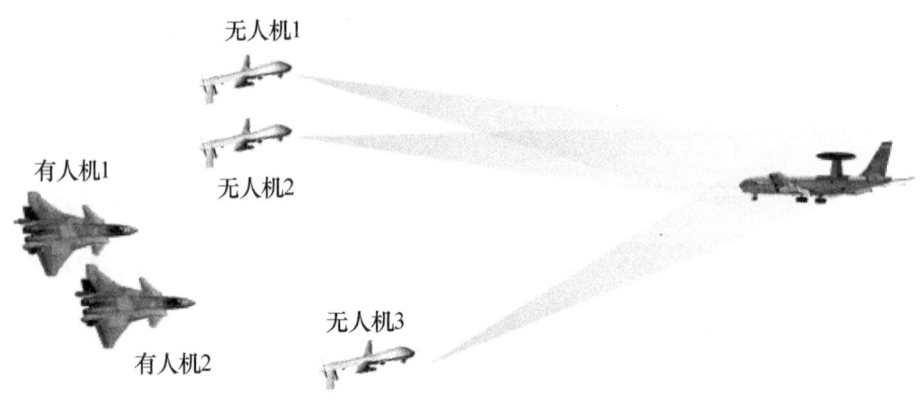

图 1.4 有人/无人机协同电磁频谱作战

1.2.2 有人/无人机协同对地作战

1. 协同对地侦察监视

有人机对挂载对地侦察监视载荷的无人机进行合理任务分工,

完成对地面目标的远距离搜索,通过对三低信号(低截获概率、低辐射概率、低旁瓣概率)侦收,实现对威胁目标的高精度定位。通过高度互联的空中指挥控制平台、有人机和无人机,以及其他多种技术侦察手段,可实现对多种有源或无源辐射目标的协同定位,极大增强对地面目标的态势感知能力。图1.5所示为有人/无人机协同对地侦察监视示意图。

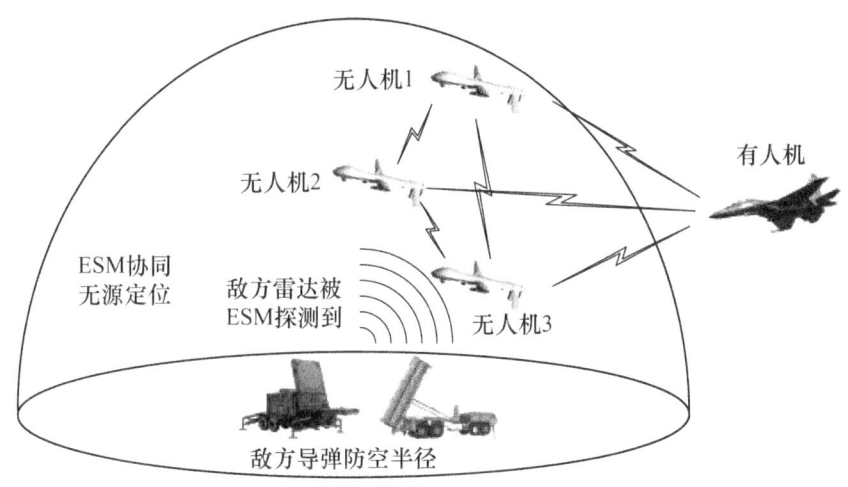

图1.5 有人/无人机协同对地侦察监视

2. 协同对地攻击

有人机与无人机执行协同对地攻击任务,是由有人机在防区外安全位置担任作战管理者,无人机突入防区内执行对地攻击任务。配置电子支援措施(Electronic Support Measures,ESM)、合成孔径雷达(Synthetic Aperture Radar,SAR)、光电/红外传感器,以及不同类型对地攻击弹药的多无人机在有人机指挥控制下,进行分工合作、灵活编队,协同执行目标搜索、识别、攻击和评估等任务。图1.6所示为有人/无人机协同对地攻击示意图。

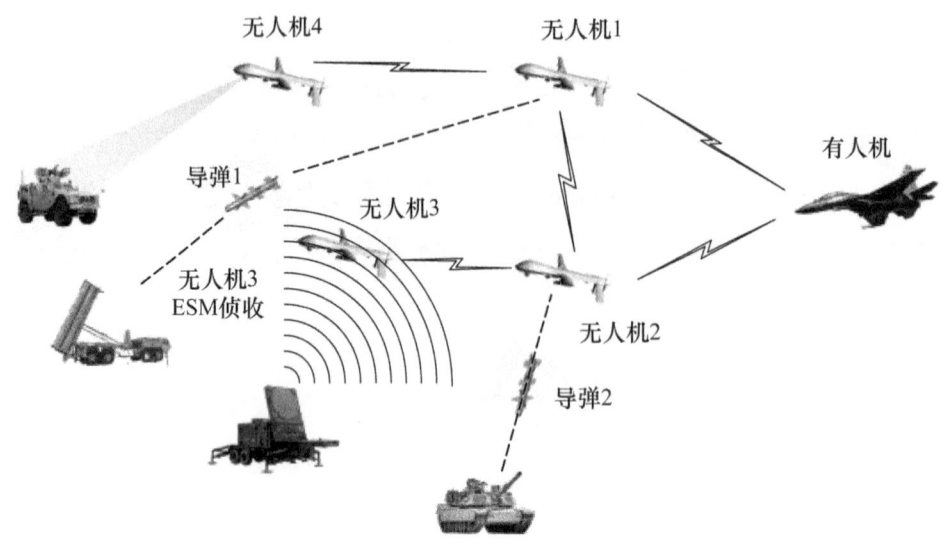

图 1.6 有人/无人机协同对地攻击

1.2.3 有人/无人机协同对海作战

1. 协同反潜作战

有人/无人机协同反潜作战是将具备远程探测能力的反潜有人机作为指挥机,将不具备远程探测能力,但具有较强隐身性能且携带小型探潜设备和精确制导弹药的无人机作为执行机。反潜有人机位于敌火力威胁外的安全空域,在通信链路支持下,与无人机进行协同反潜。图 1.7 所示为有人/无人机协同反潜作战示意图。

2. 协同反舰作战

有人/无人机协同反舰作战,是通过具有隐身性能的有人机和无人机对海上纵深、高风险海域的敌方大型水面舰艇进行协同攻击的作战模式。有人机在远距安全距离范围内跟随飞行并进行实时指挥控制,无人侦察机和无人诱饵机位最前阵位对敌方水面舰艇进行侦察监视,无人攻击机和无人电子干扰机位中间阵位对敌方水面舰艇进行电子干扰和火力打击。图 1.8 所示为有人/无人机协同反舰作战示意图。

第 1 章 绪论

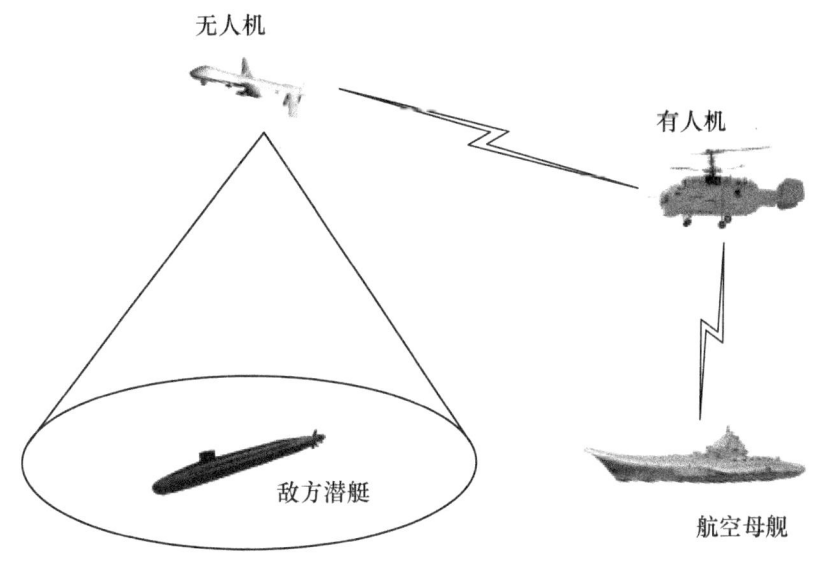

图 1.7 有人/无人机协同反潜作战

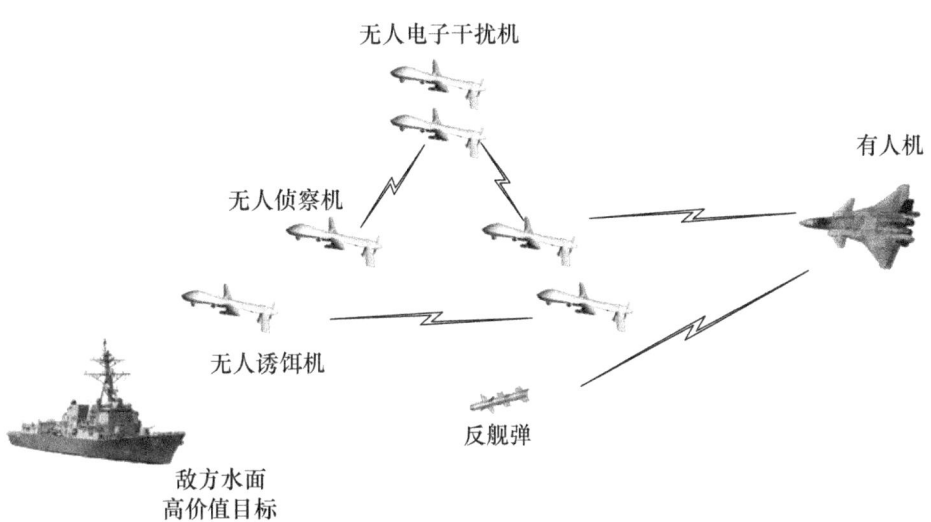

图 1.8 有人/无人机协同反舰作战

基于上述有人/无人机协同作战主要模式的梳理,可以发现,有人机可以是预警机,可以是战斗机,可以是电子干扰机,可以是攻击

11

机,也可以是反潜机,不同的机型对应不同的协同作战模式。

1.3　有人/无人机协同作战试验验证

20世纪90年代之前,有人/无人机协同作战主要通过预先协同方式构建简单协同关系,有人机和无人机之间的互联互通互操作能力较低。20世纪90年代以后,美国、英国和法国等国陆续开展了有人/无人机协同作战试验验证工作,验证和提升有人机和无人机间的互联互通互操作能力,并按照数据通信、智能感知、智能决策、多机协同和集群协同的技术路线和作战应用突破顺序,实现有人/无人机协同作战从单机、编队,向集群、体系发展。关于有人/无人机协同作战试验验证,从美军实践来看,大致可分为系统架构、信息交互、协同控制和自主协同等。

1.3.1　系统架构

2014年,美国防部国防先进研究计划局(Defense Advanced Research Projects Agency, DARPA)开展了"体系综合技术和试验"(System of System Integration Technology and Experimentation, SoSITE)项目研究,其采用开放式体系架构技术,基于载荷和平台分离思想,使关键功能载荷(作战管理、侦察、通信、电子战和攻击等)能即插即用于各类无人航空平台,通过分布式感知、分布式决策、分布式控制和分布式攻击,实现分布式空战效果。图1.9所示为SoSITE项目体系架构。

2018年1月,美国雷神公司受领DARPA"拒止环境中协同作战"(Collaborative Operations in Denied Environment, CODE)项目第三阶段(全任务阶段)合同,该项目旨在提升未来美军在电子干扰、通信

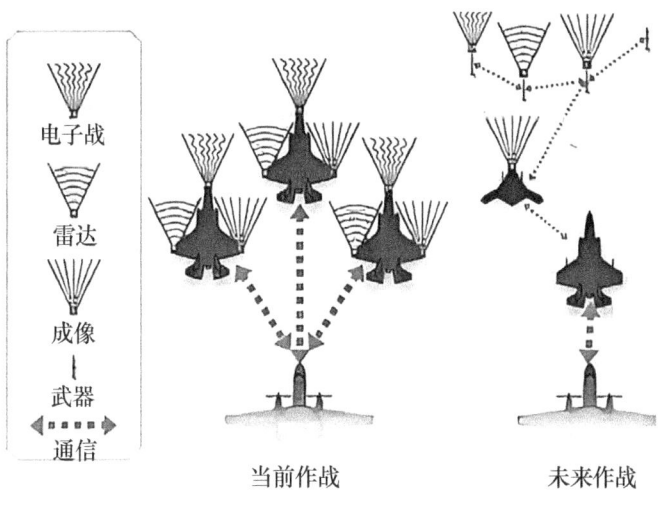

图 1.9 SoSITE 项目体系架构

受限及其他恶劣作战环境中的协同作战能力,通过开展单无人机自主、无人机编队自主、开放式系统架构和智能人-机接口等关键技术验证,实现通信受限条件下侦察/打击任务分配和编队自主协同控制。

1.3.2 信息交互

1996年,美国陆军航空与导弹研究、研发与工程中心(Aviation and Missile Research, Development, and Engineering Center, AMRDEC)开展了"机载有人/无人系统技术"(Airborne Manned/Unmanned System Technology-D, AMUST-D)研究,开发作战管理所需的软件和程序,有人机(AH-60D"长弓阿帕奇"直升机)利用相应作战管理软件,通过战术通用数据链(Tactical Common Data Link, TCDL)对无人机("无人小鸟")进行载荷控制和飞行控制,初步实现了有人机与无人机之间的互联互通互操作。2000年,AMUST办公室进一步推进 AMUST-D 6.3 试验验证工作,重点对预警指挥飞机、直升机和无人机之间的互联互通开展验证,并开发视频/数据接收技术。

2005年,DARPA主持了"通用作战系统"(Common Operating System, COS)项目研究,综合验证了地面控制站、有人机、无人机和天基通信平台的互联互通能力。

2023年,美海军陆战队UH-1Y通用直升机,与美海军MQ-25"黄貂鱼"无人空中加油机开展基于新一代卫星通信系统的数据传输飞行测试,由此构建有人机与无人机之间的稳定卫星信息传输通道。

1.3.3　协同控制

2004年,DARPA和美国空军开展软件使能控制(Software Enabled Control, SEC)项目研究,由有人机(F-15E"攻击鹰"战斗机)和无人机(T-33攻击机)协同执行目标信息收集任务,有人机通过语音控制无人机飞行,以保证无人机对突发威胁的及时准确响应。图1.10所示为SEC项目试验想定及所用飞行器。

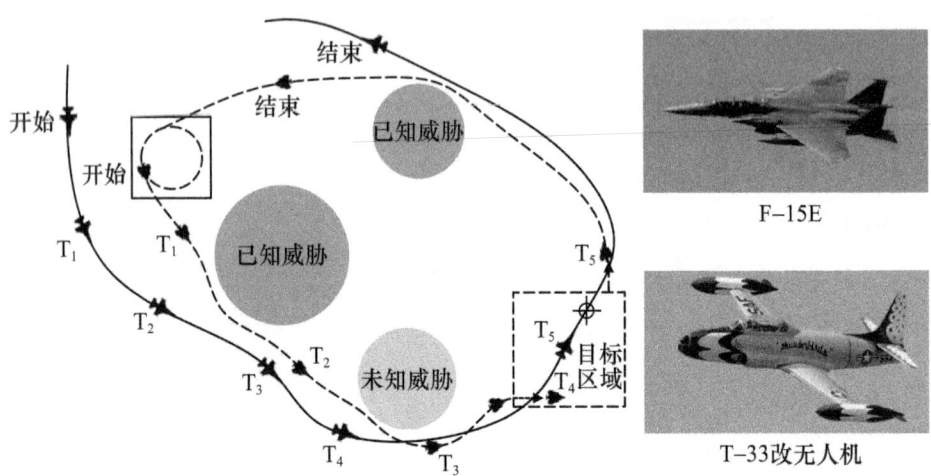

图1.10　SEC项目试验想定及所用飞行器

第1章 绪论

2007年,英国奎奈蒂克公司将"狂风"战斗机作为有人机,改进BAC1-11作为无人机,通过"基于智能体推理"(Agent-based Reasoning,ABR)软件实现了有人机指控下多无人机对地面运动目标的模拟攻击。

2012年,美国海军提出"通用控制系统"(Common Control System,CCS)项目,该项目能够支持美国海军进行有人平台指挥控制无人机执行情报、监视和侦察(Intelligence,Surveillance,Reconnaissance,ISR)任务,由于采用了开放式软件架构,系统对多类型无人系统均具有集成能力,有效降低了开发和维护成本。

2014年,由法国牵头,其他5个欧洲国家(意大利、西班牙、希腊、瑞典和瑞士)参与制造的"神经元"(nEUROn)无人机与"阵风"战斗机、"隼"7X商业飞机进行了数百公里的编队飞行,对有人/无人机编队飞行过程中对电子干扰、大气湍流的抗干扰性能进行了相关验证。

2016年,DARPA推出"驾驶舱内自动化系统"(Aircrew Labor In-cockpit Automation System,ALICAS)项目,旨在通过引入全自动声控、触控驾驶系统,实现有人机指挥控制下无人机起飞、巡航和降落阶段的自动感知避障。

2016年和2018年,美国空军研究实验室(Air Force Research Laboratory,AFRL)代表DARPA分别授予洛克希德·马丁公司和BAE系统公司"分布式作战管理"(Distributed Battle Management,DBM)第二阶段和第三阶段合同,以验证美军在未来拒止作战环境中的协同作战能力,通过将决策辅助软件分布式部署在无人机上,保证在通信受限条件下的持续任务执行能力。

1.3.4 自主协同

2017年3月,美国洛克希德·马丁公司和美国空军开展最新一轮"忠诚僚机"(Loyal Wingman，LW)项目，将F-16试验机改装成自主或半自主无人作战飞机，与F-35战斗机共同构成长、僚机编组，主要完成三方面试验验证：一是基于任务优先级和可用作战资源，僚机自主规划生成作战攻击计划并自主执行；二是通过长机座舱内的指挥员—飞行器接口，将指挥员作战意图快速准确翻译为机器语言，并发送至僚机进行执行，实现高效人机交互；三是针对僚机任务执行过程中的突发事件，由长、僚机采用协同决策方式，实现对战场突发事件的自主适应。

2019年3月，AFRL首次发布"天空博格人"(Skyborg)无人僚机计划，利用UTAP-22"灰鲭鲨"、MQ-20"复仇者"等先进无人机验证自主核心系统。在该计划中，AFRL根据战场环境不同，将空战场划分为高对抗、中低对抗和防区外3个战场区域，在高对抗区域采用可消耗无人机前突诱导敌方雷达开机，在中低对抗区域采用可重复使用无人机携带打击弹药待命，在防区外运用有人机进行全局指挥控制，适时下达攻击指令。

总之，得益于无人机自主和协同控制能力的提升，有人机指挥控制方式正逐步从"人在回路中"(Human-in-the-Loop，HITL)转变为"人在回路上"(Human-on-the-Loop，HOTL)，使指挥员能够从底层的飞行控制、编队控制中抽离出来，降低其工作负荷，从而更加专注于高层任务控制。

第 2 章 有人/无人机协同作战决策总体分析

有人/无人机协同作战决策问题研究涉及最优化理论、系统科学、认知科学、人因工程和作战决策学等理论,是典型的交叉研究领域。面向未来大规模作战场景,需要在决策理论、系统和技术等多个方面形成突破,并基于分层递阶的整体决策框架,采用灵活多样的决策组织形式,实现有人机与无人机协同增效。

2.1 有人/无人机协同作战决策现状

2.1.1 协同作战决策理论

在有人/无人机协同作战决策理论方面,实现可变自主、敏捷适变的作战决策是核心。

在可变自主方面,与有人机协同作战及无人机协同作战不同的是,有人/无人机协同作战的指挥主体是有人机,主要包括指挥员和辅助决策系统(Intelligent Assistant Decision-making System,IADMS),指挥对象是具有有限智能的无人机。有人/无人机协同作战决策过程涉及指挥员的决策、IADMS 辅助决策和无人机有限自主决策的人类智能和机器智能融合,如何充分发挥三者优势,协调三者之间的决策关系,是有人/无人机协同作战需要迫切解决的重大问题。研究有人/无人机协同作战，就是要根据战场态势需要合理划分人—机决策权限，建立人—机协同决策机制，并根据指挥员工作负荷情况，动态调整指挥员任务角色。

根据北约"五级协同理论"和美军无人机 ACL 等级划分结果，建立无人机层次化自主等级。表 2.1 所示为北约"五级协同理论"对应能力要求。

表 2.1　北约"五级协同理论"对应能力要求

等级	能力要求
第 1 级	能够间接接收并发送数据或图像
第 2 级	能够直接接收无人机的图像或数据
第 3 级	能够对无人机任务载荷进行监督和控制
第 4 级	能够对无人机飞行进行监督和控制
第 5 级	能够对无人机发射或回收进行控制

表 2.2 所示为美军无人机 ACL 等级对应能力要求。

表 2.2　美军无人机 ACL 等级对应能力要求

等级	定义	能力要求
ACL-1	遥控引导	无人机没有自主性，无人机活动依靠操作人员进行遥控
ACL-2	实时故障诊断	无人机具备自身状态感知能力，并能够将相应状态报告给无人机操作人员
ACL-3	故障自修复和飞行环境自适应	无人机可适应自身一定程度故障，并能够在外部飞行条件变化时完成既定任务
ACL-4	机载航路重规划	无人机能够在飞行过程中对地面威胁做出反应，并进行航路重规划以规避威胁
ACL-5	多机协调	无人机具备初步的多机协调能力，可根据执行任务情况进行协商
ACL-6	多机战术重规划	多无人机能够对临机出现的威胁进行排序，并实现无人机和目标之间的匹配
ACL-7	多机战术目标	多无人机围绕共同战术目标进行集中协调

第2章 有人/无人机协同作战决策总体分析

续表

等级	定义	能力要求
ACL-8	分布式控制	多无人机在最少人工监督下完成战略目标
ACL-9	机群战略目标	多无人机可在无人工监督下完成战略目标
ACL-10	完全自主集群	无人机完全自主,仅依靠自身智能实现集群化作战

在无人机可变自主等级下,可以提高有人/无人机协同作战体系对战场态势的弹性适应能力。一般而言,无人机自主等级既取决于其智能水平,即"能够"达到的自主等级,也取决于战场态势的约束,即"需要"达到的自主等级。对于面向单指挥员的层次化可变自主结构,可以设计基于技能(Skill-based Behavior, SBB)的飞行决策、基于规则(Rule-based Behavior, RBB)的导航决策和基于知识(Knowledge-based Behavior, KBB)的任务决策,并根据自主等级层次变化采用弹性自动化等级(Level of Automation, LOA)以人监督控制(Human Supervisory Control, HSC)方式指挥控制无人机。同时,在进行指挥员—无人机协同决策时,指挥员的工作负荷是需要重点考虑的问题,当指挥员工作负荷较低时,其任务表现与自主等级无关,而当指挥员工作负荷较高时,其任务表现显著下降,因此,有必要在自主等级调节过程中充分考虑指挥员工作负荷的影响。

在敏捷适变方面,主要通过"冗余设计"和"自适应演化"策略实现作战稳健性和适应性,前者通过设置冗余兵力或资源实现,后者通过动态调整作战体系组织结构和整体作战计划实现。可变自主强调的是从人—机协同决策关系角度出发,需要根据战场态势保持无人机自主等级的动态适应;而敏捷适变强调的是从组织结构和计划执行角度出发,需要根据战场态势保持有人/无人机协同作战体系组织结构和计划执行的动态适应。

关于敏捷性,美国著名指挥控制专家Alberts博士对敏捷性的概念内涵、度量方法和组成要素进行了系统阐述，指出"敏捷性是能影响、应对和利用复杂战场态势的能力"，并指出，敏捷性的基本要素为"反应性、多功能性(稳健性)、多变性、恢复性、创新性和适应性"。表2.3 所示为敏捷性要素的具体含义。

表 2.3　敏捷性要素具体含义

敏捷性要素	具体含义
稳健性	不受任务和环境限制进而维持体系效能的能力
恢复性	从毁损、干扰和灾难环境中恢复体系效能的能力
反应性	识别复杂多变任务和环境并能够有效反应的能力
多变性	采用多样化体系运行模式并能够实现无缝切换的能力
适应性	根据任务和环境变化进行体系运行模式演进的能力
创新性	生成全新体系运行模式的能力

敏捷性理念进一步从指挥控制领域扩展到整个作战领域，美国空军指出，为实现其"全球监视、全球到达、全球力量"(Global Vigilance, Global Reach, Global Power)战略目标，需要树立"敏捷作战"(Operational Agility, OA)思想，即在动态战场环境中采取恰当应对措施。从计划层面看，战场敌我双方的高对抗性使得战场态势复杂多变，稳健性强的作战计划也可能失效，应同时确保作战计划的动态适应性，从而实现作战敏捷。

2.1.2　协同作战决策系统

在有人/无人机协同作战决策系统方面，当前主要研究思路是通过有人机智能辅助决策系统和无人机有限自主决策降低指挥员工作负荷，从而保持指挥员的态势认知水平。

有人机智能辅助决策系统是用于支持指挥员决策的计算机辅助系统，其与指挥员共同构成有人机决策系统，共同完成有人机决策。

第2章 有人/无人机协同作战决策总体分析

1984年,DARPA提出了"飞行员助手"(Pilot's Associate, PA)项目,该项目将人工智能技术应用于有人机智能辅助决策系统设计,自动辅助指挥员完成目标识别、态势分析、战术决策、飞行控制和载荷管理等工作,从而大为减轻指挥员工作负荷,并有效提高任务完成能力。此后,美军基于"长弓"阿帕奇直升机平台,开展了"旋翼机飞行员助手"(Rotary Pilot's Associate, RPA)项目,并进行了试验验证工作。俄罗斯在机载智能系统方面也开展了相应研究,具有代表性的是用于苏-27的机载专家咨询系统,一方面可扩展战术态势评估方面的功能,另一方面可辅助有人机指挥员决策,提高决策准确性。此外,英国的"任务管理助手"(Mission Manage Aid, MMA)项目、法国的"智能座舱环境"(Intelligent Cockpit Environment, ICE)项目等都对有人机智能辅助决策系统开展了相关研究和设计工作。

为提高有人机与无人机的协同能力,有研究学者提出基于认知与协同自动化(On-board Cognitive & Cooperative Automation, On-board C&CA)的有人机智能辅助决策技术,在有人机上安装操控认知单元(Operating Cognitive Unit, OCU),在无人机上安装支持认知单元(Supporting Cognitive Unit, SCU),指挥员和OCU进行协同共同构成指挥控制组合(Operating Force, OF),指挥员通过IADMS中的自解释模块(Self Explanation Module, SEM)和协同自动化模块(Cooperative Automation Module, CAM),采用"连续自解释"(Continuous Self Explanation, CSE)和"按需自解释"(Self Explanation on Demand, SED)结合的双模自解释方式,实现指挥员和无人机之间的协同。Johann等人[1]针对有人机(直升机)指挥无人机执行航路点侦察任务问题,为了实现"以人为中心的自动化"(Human-centered Automation, HCA),指挥员通过人机系统接口(Human-Machine System Interface, HMSI),并采用基于知识的人工认知单元(Artificial Cognitive Unit, ACU)对无人机进行指挥控制。

由 DARPA 主持,华盛顿大学、麻省理工学院和霍尼韦尔技术中心等研究机构参与的自治编队混合主动控制(Mixed Initiative Control of Automation, MICA)工程较为典型,在该工程牵引下,产生了一系列研究成果。从工程计划目的看,主要是通过提升无人机自主水平,使有人机指挥员在操控有人机的同时,能够指挥控制更多无人机,从而实现较低人机比。Fabian 等人[2]为提高有人机(直升机)和无人机协同执行疏散冲突地区人员任务规划效能,并降低有人机指挥员工作负荷,提出了辅助指挥员决策的"智能助手系统"(Cognitive Assistant System, CAS)初步设计方案,主要包括问题求解模块、人—(无人)机交互模块和指挥员行为分析模块三部分。试验结果表明,该系统能够有效提高任务规划效能,但在降低指挥员工作负荷方面表现不佳,需要进一步在信息推送方式、内容和频率上进行改进。Joseph 等人[3]根据 CODE 项目中有人机指挥、监督无人机的需要,设计了协作和应急授权监督控制系统(Supervisory Control for Collaboration and Contingency Delegation, SuperC3DE),该系统提供多个组件以完成人—(无人)机交互、任务计划和平台控制等,有效提高了有人/无人机应对电子干扰、通信降级等突发事件能力。Sebastian 等人[4]为有效降低指挥员监督控制多无人机的工作负荷,在指挥员和传统无人机认知功能自动化控制系统之间引入人工认知单元(Artificial Cognitive Unit, ACU),以智能体监督控制(Agent Supervisory Control, ASC)方式指挥控制无人机,从而有效减少指挥员监督控制范围。

2.1.3 协同作战决策技术

从有人/无人机协同作战决策技术来看,主要涉及作战计划构建技术、动态决策分配技术、协同攻击决策技术。

第 2 章　有人/无人机协同作战决策总体分析

1. 作战计划构建技术

有人/无人机协同作战计划构建是指,根据平台指控能力和资源能力、目标地理分布和资源需求、战场环境等信息,为各有人机和无人机制定满足各项约束条件,使得模型目标函数值最优或较优的平台编成和任务执行计划,并根据作战过程中出现的各类突发事件,分析其对作战任务执行的影响,从而进行作战计划的自适应演化。

平台编成计划问题,是按照作战目标能力需求,将作战目标聚合为多个目标簇,并将有人机与无人机集结生成多个相对应有人/无人机编组的过程。万路军等人[5]采用虚拟联盟技术整合有人机与无人机资源能力,按照目标分组—能力适配编成策略,得到了冗余度较优的有人/无人机任务联盟。韩博文等人[6]建立了单个无序有人/无人机机群到多个有序有人/无人机编队 Holon 组织的生成模型,按照作战资源最小冗余原则,考虑冗余均值和方差两类指标,求解得到了最优有人/无人机协同作战 Holon 组织。

任务执行计划问题,是根据战场环境信息和任务资源需求,考虑资源满足、任务时序、平台飞行等约束条件,以任务完成时间或任务完成质量为目标函数,为各有人/无人机编队内各无人机分配需有序执行的一个或多个作战任务的过程。

任务执行计划问题主要包括问题建模和问题求解两方面,在问题建模方面,一般将任务执行计划问题建模为成熟的规划模型,如多旅行商模型(Multiple Travelling Salesman Problem, MTSP)、车辆路径模型(Vehicle Routing Problem, VRP)、动态网络流模型(Dynamic Network Flow Optimization, DNFO)和混合整数线性规划模型(Mixed Integer Linear Programming, MILP)。MTSP 和 VRP 模型一般只适用于对单一任务进行表征,对于侦察、打击、评估等一体化任务建模能力较

23

差,而 DNFO 和 MILP 模型更为适用。具体来说,DNFO 模型以无人机为供应商,将需执行的侦察、打击、评估任务作为物流,建立以物流成本最低的物流方案模型;MILP 模型中包含分配决策变量和转移决策变量两类决策变量,使之能够表征更复杂的时间、资源约束。Edison 等人[7]基于 DNFO 模型和 MILP 模型,提出了多任务协同分配模型(Cooperative Multiple Task Assignment Problem,CMTAP),在考虑时序、资源、航线等多项约束基础上,建立了执行侦察、打击、评估一体化任务的规划模型。

在问题求解方面,目前主要采用集中式或分布式方法进行求解,集中式方法由一个中心节点负责全局求解,但过度依赖中心节点,方法的稳健性、扩展性较差,适用于规模较小的确定系统;分布式方法将求解任务分派到各无人机进行分布式求解,并进行相应的冲突消解操作,方法的稳健性、扩展性较好,但受通信质量影响较大,适用于规模较大的动态系统。

集中式求解方法主要包括基于图论方法、最优化方法和智能优化方法。基于图论方法主要包括最短路径算法、深度/广度优先搜索方法等,最优化方法主要包括单纯形、分支定界、动态规划等方法,这两种方法可以保证解的最优性,但解空间会随着问题规模增大呈现指数型增长,且方法不具备普遍适用性。智能优化方法主要包括遗传算法(Genetic Algorithm,GA)、粒子群算法(Particle Swarm Optimization,PSO)、人工蜂群算法(Artificial Bee Colony,ABC)和文化基因算法(Memetic Algorithm,MA)等,这类方法在采用精英保留策略(Elite Retention Strategy,ERS)前提下理论上都能找到全局最优解,但由于算法随机性因素较多,算法稳定性不足是其缺陷。对于智能优化算法,根据"无免费午餐定理"(No Free Lunch,NFL),不存在能够最优解决所有优化问题的通用算法,在某些优化问题上表现优异的算法,可能在其他优化问题上表现较差。

分布式求解方法主要包括基于市场机制的合同网协议(Contract Net Protocol,CNP)、一致性算法(Consensus Algorithm,CA)和拍卖算法(Auction Algorithm,AA)。合同网协议中,有人机作为招标者,负责招标准备和投标评估,无人机作为投标者,负责投标和中标后的任务执行,合同网协议作为一种典型的分布式协商机制,能够确保有人/无人机协同作战体系能够以较低通信代价和较高完成质量执行作战任务。Kevin 等人[8]基于一致性算法进行多作战智能体动态调度问题研究,选取任务时间作为一致性决策变量,在受控一致性和多一致性决策变量两方面对传统一致性理论进行了拓展研究,设计了各智能体决策模块,并以同步打击军事行动为背景,验证了方法的有效性和优越性。拍卖算法中,竞拍者(无人机)采用一定竞拍策略,对拍卖品(作战目标/任务)经过一定轮次竞拍后,选取竞拍收益最大的竞拍方案确定拍卖品归属。Luca 等人[9]将一致性算法与拍卖算法相结合,提出了一致性拍卖算法(Consensus Based Auction Algorithm,CBAA),解决了一对一的任务执行计划生成问题,并对 CBAA 进行相应扩展,形成了一致性束算法(Consensus Based Bundle Algorithm,CBBA),用于解决一对多的任务执行计划生成问题。为了解决 CBBA 中信息同步传输易造成信息混乱问题,Luca 等人[10]又提出了异步通信体制下的异步一致性束算法(Asynchronous Consensus Based Bundle Algorithm,ACBBA),提高了任务执行质量。

当前,对平台编成计划和任务执行计划的调整问题,研究相对较少。刘跃峰等人[11]针对有人/无人机作战编队任务执行过程中的突发任务,建立最大化分配效能的重调度模型,并基于合同网协议进行了求解。吴瑞杰等人[12]基于作战平台定价模型,建立了分布式作战组织的协作框架,将任务执行计划调整分为内部协调模块和外部协作模块,并采用启发式方法进行了求解。

2. 动态决策分配技术

决策分配作为人—机功能分配的有机组成部分,是"人—机系统设计中首要问题之一"。随着智能技术的发展,自动化辅助措施越来越多地被应用于"人在回路"系统,而系统内部状态和外部环境的动态变化需要决策分配结果也作出动态调整。有人/无人机协同作战中的动态决策分配问题,与指挥员工作负荷有很大关联性,其主要涉及触发机制和自适应分配等关键环节。

从人类工效学角度出发,指挥员仅拥有处理特定任务的有限能力,且这些能力在处理不同任务时,有着截然不同的表现,随着任务数的增多,指挥员的表现会急剧下滑,这一理论已被大量实证研究所证实,并成为开发指挥员工作负荷预测工具的基础。同时,人—机决策分配过程中,既要发挥人的作用,也要详细分析人的局限性,防止出现"超负荷"现象。而关于如何对指挥员工作负荷进行量化,Kandemir 等人[13]指出,可采用视觉、听觉、认知和心理(Visual, Auditory, Cognitive and Psychomotor, VACP)方法,计算同时执行多任务的指挥员总工作负荷。

在动态决策分配触发机制方面,主要包括指挥员人为触发和系统触发。指挥员人为触发是指挥员根据自身状态和任务状态,采取手动切换决策等级的方式。而系统触发主要包括基于突发事件触发、基于测量触发和基于模型触发三类,其中,基于突发事件触发是指突发事件发生时需要由指挥员进行处理,从而导致指挥员工作负荷发生变化,此时,需要改变当前决策分配结果;基于测量触发是指系统对指挥员工作负荷或工作状态进行测量,当出现测量值偏离预先设定的适宜水平时,则进行决策分配动态变化,一般选取的测量对象包括眼动、呼吸、脑电信号等;基于模型触发是指系统对指挥员建立行为模型,并实时监督和预测指挥员工作状态,在出现工作负荷异常时进行决策重分配。

在决策权限自适应分配方面,Zhang 等人[14]将不确定语言型多属性决策方法引入功能分配过程,采用不确定 Einstein 加权算数平均算子确定自动化等级范围,并将该自动化等级范围与不确定语言混合集结算子结合,最终确定自动化等级。陈晓栋等人[15]从战斗机飞行员和辅助系统的协作角度,基于概率统计提出人—机效费评估模型,利用效费差值确定级别,并通过性能测算、参数更新、性能评估模块实现动态判定。

3. 协同攻击决策技术

当前,对于有人/无人机协同攻击决策问题,国内外研究人员开展了广泛深入的研究。张磊[16]指出,多机自主攻击决策技术包括自主态势评估和自主推理决策两层耦合内容。Hu 等人[17]针对无人机在不确定环境下的鲁棒目标攻击决策问题,提出了包括作战态势分析、影响图模型建立、行动收益生成、行动策略选取的四阶段协同攻击决策框架。Zhen 等人[18]针对多无人机执行搜索打击任务问题,为保证搜索打击任务执行过程中的最优航线选定和实时威胁规避,提出了智能自组织算法(Intelligent Self-organized Algorithm, ISOA)用于模型求解。韩博文等人[19]针对有人/无人机协同作战攻击决策中的威胁评估问题,考虑作战环境不确定性,建立了基于区间数且带决策者偏好的威胁评估模型,并采用智能优化算法进行了求解。王晓光等人[20]针对多机超视距空战攻击决策问题,建立包含态势评估、目标选取和战损裁定在内的超视距协同空战模型,并分别采用人工势场法、文化基因算法和两步裁定法进行了求解。

2.2 有人/无人机协同作战决策框架

在空中作战向无人化、智能化、网络化方向发展背景下,虽然理论、技术和应用的长足进步赋予了无人机较强的作战优势,但由于当前无人机智能水平的限制,有人机指挥员的作战经验和智慧在作战决策过程中仍然十分重要。

将有人机和无人机组成协同作战体系,通过协同态势感知、协同作战决策、协同火力打击及协同毁伤评估,实施从"传感器"到"射击器"的一体化作战行动:无人机作为作战执行者,能够前置战场空间,掌握前沿战场信息,突前执行枯燥、恶劣、危险和纵深(Dull, Dirty, Dangerous and Deep, 4D)任务;有人机作为作战管理者,在一定战场空域实施对整个作战行动的监督控制,并在必要时对无人机实施信息、计算、决策、火力支援或进行战术协同。这种作战样式实现了有人机与无人机的能力互补、优势集成,有效提高了整体作战效能。

一般情况下,有人/无人机协同作战体系主要包括指挥中心、有人机、无人机和通信链路。其中,通信链路为指挥中心、有人机和无人机提供状态信息、态势信息、指控信息等各类信息的传输与共享通道;指挥中心对有人/无人机作战编组,有人机对编组内无人机分别进行指挥控制,从而实现作战协同;有人机负责编组内作战任务执行的监督控制,并提供必要支援或直接进行战术协同;无人机深入战场前沿,负责编组内作战任务的具体执行。图 2.1 所示为有人/无人机协同作战体系组成。

指挥中心包括指挥控制分系统、侦察探测分系统、信息处理分系统和作战保障分系统等,有人机包括信息综合显示和监控分系统、智能辅助决策分系统、机载飞控分系统、机载火控分系统、机载导航分

第2章 有人/无人机协同作战决策总体分析

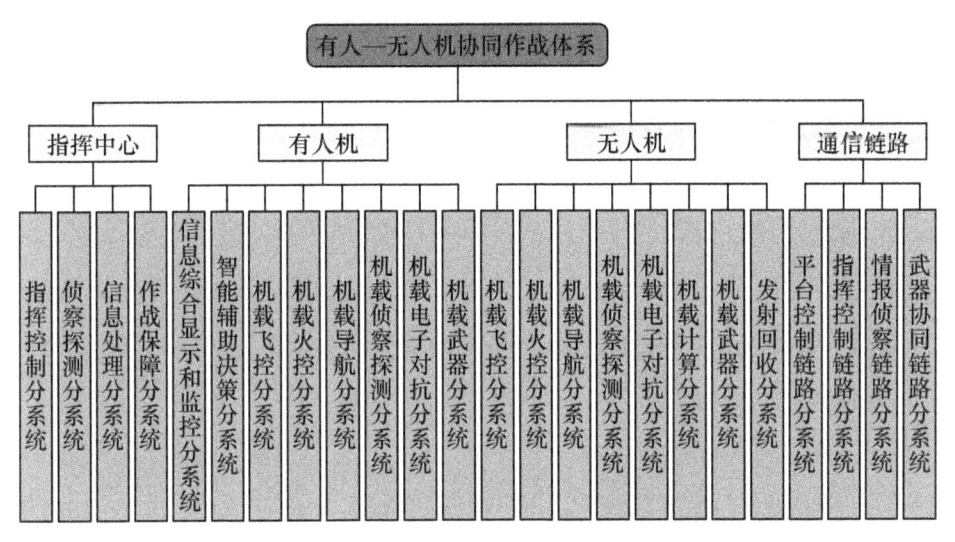

图2.1 有人/无人机协同作战体系组成

系统、机载侦察探测分系统、机载电子对抗分系统、机载武器分系统等;无人机包括机载飞控分系统、机载火控分系统、机载导航分系统、机载侦察探测分系统、机载电子对抗分系统、机载计算分系统、机载武器分系统、发射回收分系统等;通信链路包括平台控制链路分系统、指挥控制链路分系统、情报侦察链路分系统、武器协同链路分系统等。协同作战体系中各组成单元在功能划分上各不相同,具体如下。

1. 指挥中心功能

在作战保障分系统的作战保障下,利用侦察探测分系统收集初始战场态势信息,并经信息处理分系统进行信息处理,随后通过指挥控制分系统生成相应决策指令,最后通过通信链路,向协同作战编组分发相关态势信息和决策指令,实现相应的态势信息支援和指挥引导。

2. 有人机功能

在指挥中心的态势信息支援和指挥引导下,利用机载侦察探测分系统和机载电子对抗分系统,为无人机提供实时态势信息支援和对敌电子干扰支援;有人机指挥员通过信息综合显示和监控分系统,对无人机飞行状态和任务执行情况进行实时监控,并在特定决策结构下,利用智能辅助决策分系统完成平台编成与任务执行计划生成/调整、动态决策分配、协同攻击决策等决策结果生成;在无人机火力资源无法完成目标攻击时,有人机利用机载武器分系统和机载火控分系统,对无人机提供火力支援,在必要时,有人机对无人机的发射武器进行他机制导。

3. 无人机功能

利用机载飞控分系统和机载导航分系统完成多无人机编队的任务集结、编队控制等;利用机载侦察探测分系统、机载电子对抗分系统、机载火控分系统、机载武器分系统完成指定任务区域的侦察、跟踪、电子对抗和协同攻击等;在特定决策结构下,利用机载计算分系统完成平台编成与任务执行计划生成/调整、协同攻击决策等决策结果生成需要进行的各类解算。

4. 通信链路功能

利用所配置的各类链路分系统,完成状态信息、情报信息、指控信息和攻击信息在协同作战体系内部的实时/准实时交互,为作战行动提供可靠信息保障,实现信息共享基础上的作战协同。

2.2.1 协同作战决策复杂性

有人/无人机协同作战构成感知、决策、行动、评估环,从指挥控制角度看,主要涉及指挥中心对有人机、无人机的指挥控制和有人机对无人机的指挥控制。协同作战过程中,作战环境开放复杂、动态变化,作战任务广域分布、高度耦合,作战平台类型众多、能力异构,协同关系内容多维(时间协同、空间协同、任务协同)、多域交叉(物理

第2章　有人/无人机协同作战决策总体分析

域、信息域、认知域交叉)。因此,有人/无人机协同作战过程是一个存在非线性、非平衡、非简约等作用机制,包含随机性、模糊性、区间性等多重不确定性的复杂过程。具体来说,有人/无人机协同作战具有以下复杂性。

1. 作战环境复杂性

有人/无人机协同作战体系面临的是强对抗性、非结构化战场环境,战场态势处于实时变化状态,需要协同作战体系做出实时(准实时)反应。

2. 作战任务复杂性

对不同敌方目标涉及侦察、打击、评估等不同作战任务,不同作战任务在资源需求、时序约束等方面差异明显,使得任务决策空间复杂高维;同时,平台失效、目标变更、突发威胁、无人机自主攻击决策困难等突发事件间或发生,对作战计划临机调整的时效和质量要求较高。

3. 作战平台复杂性

有人机平台价值高,属于优先保护平台,且当前对无人机指挥控制的人机比仍然较高,单架有人机能够指挥控制的无人机数量有限,存在指挥控制容量阈值;无人机数量众多,传感器和武器等资源类型各异,不同资源工作模式各不相同(传感器资源的成像方式、武器资源的攻击距离等),使得执行同一任务的不同无人机对战场态势的感知与理解、作战任务效果各不相同。

4. 指挥员人因复杂性

有人/无人机协同作战过程中,有人机指挥员负责对所属作战编组的指挥控制提供人的决策,但指挥员作为"有限理性"的决策者,其决策方式必定不同于计算机的"非此即彼"式决策,而是具有独特的决策习惯和偏好;同时,指挥员需要完成的任务类型众多,主要包括操控、认知、决策、监督和干预等,较大的工作负荷会影响指挥员工作效能的发挥。

5. 计算/通信复杂性

有人/无人机协同作战体系中要素众多、关系复杂、交互频繁,较难采用线性化、规律性方法进行完整统一建模与描述,且随着个体数量的增长,问题求解空间出现组合爆炸现象,给机载计算的时效性和准确性带来较大挑战;同时,平台高速运动易导致网络拓扑动态、网络带宽受限、网络时延较大等现象,对高度依赖信息共享的指挥控制造成较大困难。

作战环境复杂性、作战任务复杂性、作战平台复杂性、指挥员人因复杂性和计算/通信复杂性等多种复杂性相互交织,使得有人/无人机协同作战决策极具挑战性。传统集中式决策方式,虽然具有较高的决策效率,但在面对动态战场态势时显得过于刚性,难以实现对动态战场态势的自适应,进而影响作战决策的自组织,最终阻碍作战行动的自同步。

2.2.2 协同作战决策结构

有人/无人机协同作战过程中,为了实现平台作战能力有效组合、充分补益、自发涌现,要求协同作战决策具有稳健性、可靠性和适应性。结构决定功能,协同作战决策结构在一定程度上决定了协同作战体系作战效能的发挥。从结构分类上看,有人/无人机协同作战决策结构分为集中式、分布式和混合式结构。

1. 集中式决策结构

集中式决策结构是指,系统中存在中央控制节点(一般为有人机)进行统一的作战决策,各无人机将侦察探测信息和平台状态信息发送至有人机,有人机经过统一决策后,将决策结果以指令形式发送给无人机执行。图2.2所示为有人/无人机协同作战集中式决策结构。

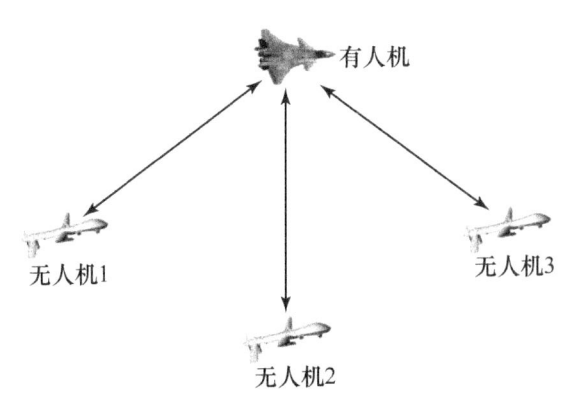

图 2.2 有人/无人机协同作战集中式决策结构

集中式决策结构具有网络结构简单、便于集中管理、易于全局优化的优点，但仍然存在以下几点不足。

（1）由于有人机需要掌握所有受控节点的状态和探测信息，因此，对有人机与无人机间的通信链路带宽和可靠性要求较高。

（2）无人机与有人机之间存在一定通信延迟，导致前沿部署的无人机难以实时响应战场态势变化。

（3）信息、计算、决策均集中于有人机，对于大规模体系而言，求解复杂度较高。

（4）作战体系稳健性不足，有人机出现损毁或故障会影响整体作战效能。

2. 分布式决策结构

与集中式决策结构将信息、计算、决策等功能集中于有人机不同的是，分布式决策结构将信息、计算、决策等功能分散到各无人机，将复杂问题分解为各无人机处理的简单子问题。无人机采用自治+协作方式，通过局部协商机制完成对全局问题的优化求解。图2.3所示为有人/无人机协同作战分布式决策结构。

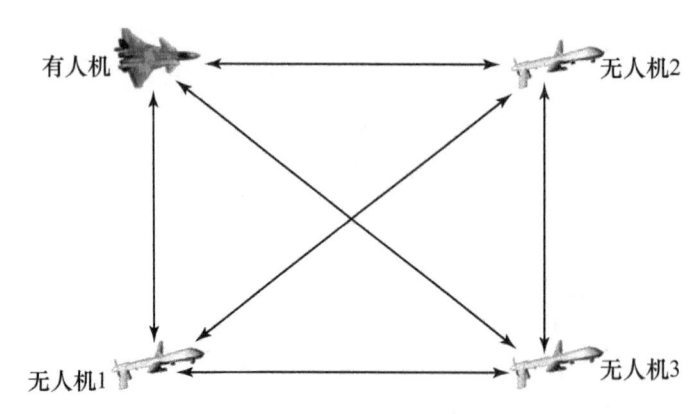

图 2.3　有人/无人机协同作战分布式决策结构

相比于集中式决策结构,分布式决策结构具有如下优点。

(1) 无人机能够快速获取环境信息和状态信息,而无需时时向有人机上报相关信息,有效减少了指挥层级,能够实现对战场态势变化的快速响应。

(2) 各无人机充分发挥信息、计算、决策"能动性",有效降低了有人机的指控负载,使其能够专注于高层任务控制。

(3) 各无人机之间采用基于网络化通信的决策结果协商机制,只对高层协作信息进行共享,大大降低了对通信带宽的需求。

(4) 各无人机作为作战网络中的节点,单节点的损毁或故障不会影响体系性能,且作战节点出、入网便捷,作战体系的稳健性、伸缩性较好。

尽管分布式决策结构相比于集中式系统而言优点较多,但仍然存在一定缺陷。具体地,由于分布式决策结果的生成需要多轮协商,决策效率相对集中式决策结构不高;此外,由于分布式决策结构在决策过程中涉及多架无人机之间的协商,得到的可能是各方满意的均衡解,因此,解的全局最优性在一定程度上难以保证。

3. 混合式决策结构

综合以上分析,分布式决策结构在体系稳健性、伸缩性和通信需求方面存在优势,集中式决策结构在决策效率和决策质量方面存在优势。

随着无人机自主水平的不断提高,未来有人/无人机协同作战决策结构将更趋分布,但当前的自主水平难以实现完全自主,无人机在态势感知与认知、任务决策与控制等方面的能力与有人机指挥员仍然存在一定差距,指挥员仍然是有人/无人机协同作战决策的关键。

因此,为实现无人机有限自主决策能力和有人机指挥员人类决策能力的优势互补,提高作战体系稳健性、伸缩性,提高作战体系决策效率和决策质量,并降低作战体系通信负载,可以考虑综合集中式决策结构和分布式决策结构各自优长,采用混合式决策结构。图 2.4 所示为有人/无人机协同作战混合式决策结构。

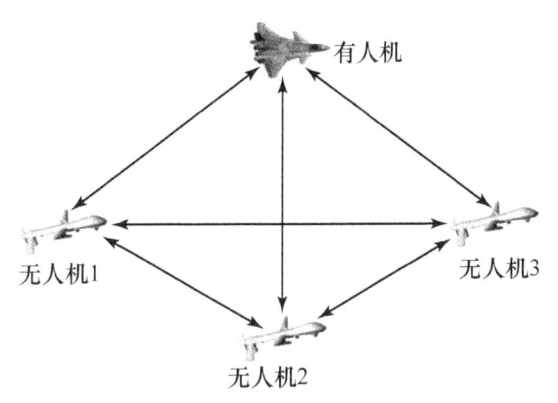

图 2.4 有人/无人机协同作战混合式决策结构

混合式决策结构中,有人机和无人机共同参与决策,按照决策主导者的不同可以分为有人机主导型混合式决策和无人机主导型混合式决策,按照混合程度的不同可以分为建议、干预、知会型混合式决策。

在有人/无人机协同作战混合式决策结构中,有人机与无人机构成多个作战编组,各有人/无人机编组的平台组成及作战任务由指挥中心确定,指挥中心负责对有人/无人机编组进行战场指挥控制,开展全局决策;在各有人/无人机编组内部,由有人机对配属无人机进行战术级指挥控制,开展局部决策。无人机通过机载传感器获取战场情报数据,在编组内各无人机之间进行情报共享,各无人机进行情报数据融合后形成战场态势上报有人机;有人机指挥员通过智能辅助决策系统对编组内无人机执行任务情况进行监督控制,无人机采用自主分布式协商机制进行决策,有人机仅在需要时收回决策权。

因此,混合式决策结构中的"混合",包括时间和空间上两层含义,从时间上看,"混合"是指时而集中、时而分布,从空间上看,"混合"是指底层分布、上层集中。采用混合式决策结构也为可变自主决策的实现提供了基础,有人机能够基于无人机所能达到的最高决策等级,根据战场态势需要对无人机进行动态赋权,从而最大程度地实现体系柔性。

2.2.3 协同作战决策模型

有人/无人机协同作战复杂性、对抗性、动态性特征明显,作战过程中,敌我双方火力对抗、电子对抗等对抗形式层出不穷,战场态势瞬息变化。当前,有人/无人机协同作战决策存在组织形态刚性、协同层次单一、决策权限集中、计划适变不足等问题,已不适应网络化协同作战背景下组织形态、协同层次、决策结构、敏捷计划等方面要求,严重制约作战效能的充分发挥。

有人/无人机协同作战过程中,涉及参战平台、作战任务、决策内容众多,且耦合关系复杂,若采用一体化设计方法,则会导致问题规模过大而影响决策效率和决策质量。因此,建立有人/无人机协同作战决策体系架构,主要包括编组层(Group Layer,GL)、编队层(Formation Layer,FL)和单机层(Platform Layer,PL),编组层和编队层分别对应作战目标簇和作战任务。随着决策粒度的不断细分,大规模复杂作战问题被分解为多层简单问题,通过对多层简单问题的高效求解,实现问题解耦。图2.5所示为有人/无人机协同作战决策模型。

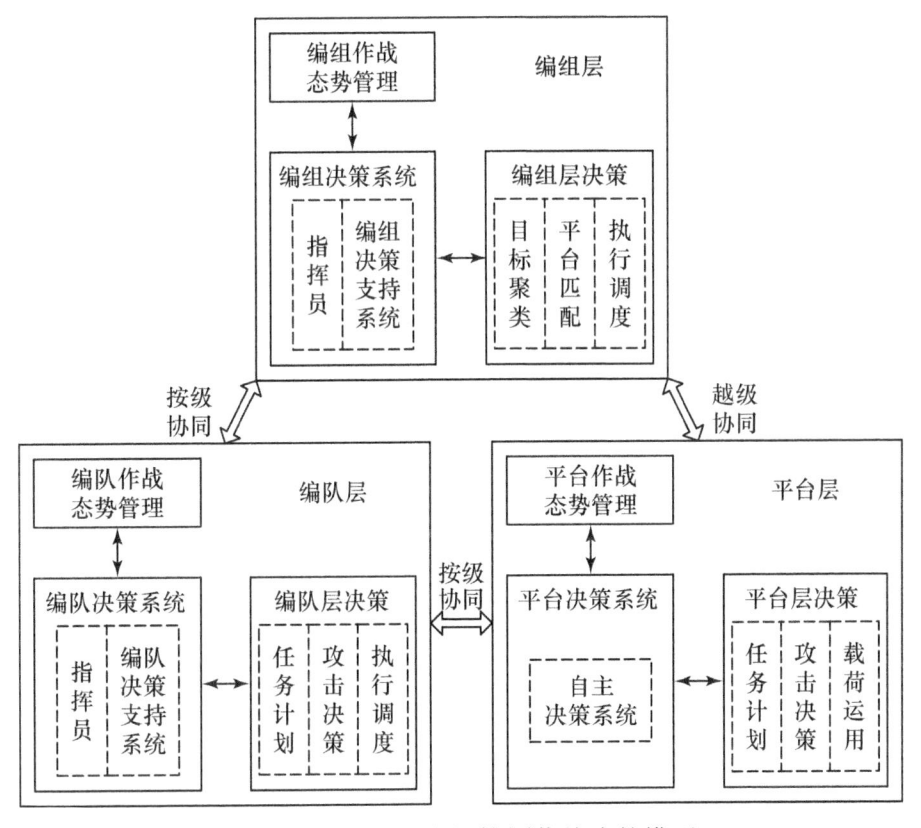

图2.5 有人/无人机协同作战决策模型

从图2.5可以看出,编组层主要由指挥中心/有人机指挥员和编组决策支持系统构成的编组决策系统共同完成目标聚类、平台匹配和执行调度等编组层决策,编队层主要由有人机指挥员和编队决策支持系统构成的编队决策系统共同完成任务计划、攻击决策和执行调度等编队层决策，平台层主要由无人机自主决策系统完成任务计划、攻击决策和载荷运用等平台层决策。在此过程中，编组层与编队层、编队层与平台层之间进行按级任务协同，而编组层和平台层之间进行越级任务协同。基于有人/无人机协同作战决策模型，整体建模优化思路如下。

（1）通过稳健组织，按照能力互补、适当冗余原则，将能力异构的有人机和无人机进行平台编成，执行特定目标簇内的特定作战任务。

（2）通过快速执行，按照多维协同、资源平衡原则，对特定目标簇内作战任务进行无人机—任务执行关系设计。

（3）通过优化处理，按照负荷适宜、注重效果原则，在对各类战场突发事件进行分析基础上，将其分配给最适合指挥员进行处理。

（4）通过因势授权，按照综合评价、最优匹配原则，综合考虑人因、通信、任务等因素，得到当前战场态势下的最优协同决策等级，提高协同作战体系应对不确定战场态势的能力。

（5）通过灵活聚散，按照事件驱动、高效协调（协作）原则，将广域分布、高度分散的作战平台按照任务需求动态整合，实现突发事件下作战任务执行和支援。

（6）通过融合推理，按照优先自主、转进干预原则，对协同目标攻击问题进行无人机自主决策和有人机干预决策。

基于上述研究思路开展相应研究，从而实现可变自主、敏捷适变的有人/无人机协同作战决策。

2.3　有人/无人机协同作战决策组织

组织是具有明确的目标导向和精心设计的结构，同时又与外部环境保持密切联系的活动系统。在军事领域，为实现一定的军事行动目标,需要构建相应的作战组织。有人/无人机作战组织是一类特殊的作战组织,其特殊性体现在功能复合、指控具象和资源多样三个方面[21-22]。不同形式的作战组织具有不同类型的决策模式、机制和方法,研究有人/无人机协同作战决策问题,首先需要对有人/无人机协同作战组织形式进行分析。关于有人/无人机作战组织,主要包括任务联盟、Holon 组织和计算数学组织等组织形式。

2.3.1 有人/无人机任务联盟

"联盟"一词的原意是古代部落之间通过订立盟约形成的集团,随着"联盟"概念的发展,其逐步引申为两个或多个国家、政党和企业为实现相同或相近利益而建立的组织集合。伴随多智能体系统(Multi Agent System,MAS)技术和网络信息技术的发展,任务联盟或者称动态联盟的概念应运而生。

在军事领域,有人/无人机任务联盟是面向使命任务需要,由地理位置分布不同、隶属关系各异的有人机和无人机,按照一定的作战规则和协议快速生成的一个或多个作战集合。任务联盟具有显著的临时性、动态性和目的性特点,其生成、运行和解散均根据使命任务的作战需求,作战实体之间存在松耦合的任务协同关系。

1. 有人/无人机任务联盟的概念模型

任务联盟代表着全新的兵力运用模式和指挥控制方式,其所涉及的作战力量包括指挥控制单元(Command and Control Unit,CCU)、有人机和无人机等,三类单元均具备一定的态势感知、规划决策和行动协调功能,指挥控制单元具备对所有作战单元的全局指挥控制能力,有人机具有一定的战术决策和任务管理能力,无人机单元具有一定的攻击决策和载荷管理能力。面向未来大规模作战运用场景,参战单元和作战任务众多,且存在复杂的耦合关系,需要建立编组—编队—单机层次化任务联盟结构,分别由指挥控制单元、有人机和无人机单元发挥决策作用。

(1) 指挥控制单元

指挥控制单元主要由侦察探测、信息处理、指挥控制和作战保障等各类分系统构成,主要负责相应决策指令生成,并通过通信链路向有人/无人机作战编组分发态势和指控信息,实现态势共享和指挥协同。图 2.6 所示为指挥控制单元的概念模型。

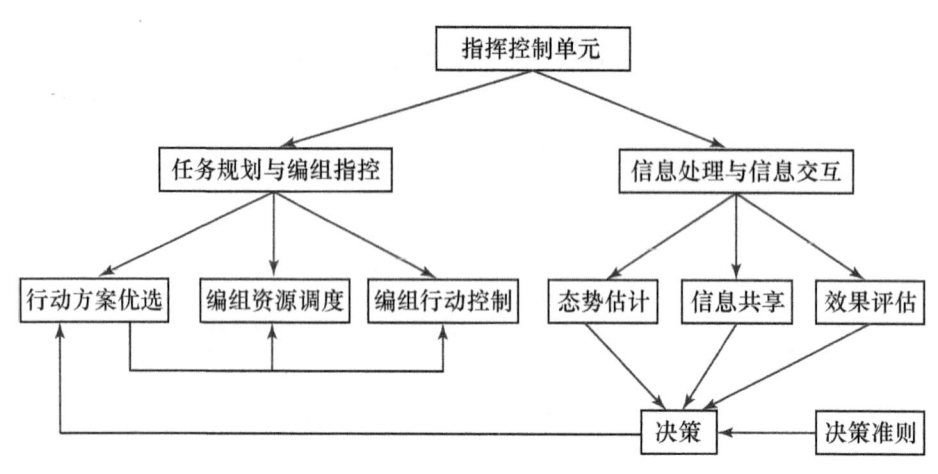

图 2.6 指挥控制单元的概念模型

指挥控制单元定义为多元组 CCUM = <CCU, CCU_MP, CCU_RM, CCU_IW>,其中,CCU 表示指挥控制单元集合,CCU_MP 表示指挥控制单元的任务规划能力,CCU_RM 表示指挥控制单元的资源管理能力,CCU_IW 表示指挥控制单元的信息处理与交互能力。

(2) 有人机

有人机在指挥控制单元的态势信息支援和指挥控制下,为无人机单元提供态势信息支援和电子干扰支援,并对无人机单元的任务执行进行监督控制。在特定决策机制下,依赖于部署在有人机上的编队决策系统,并结合有人机指挥员的决策经验知识,完成有人/无人机作战编队任务计划和执行调度。当然,在无人机火力资源受限情况下,有人机可以提供火力支援并在必要时进行他机制导。图2.7所示为有人机的概念模型。

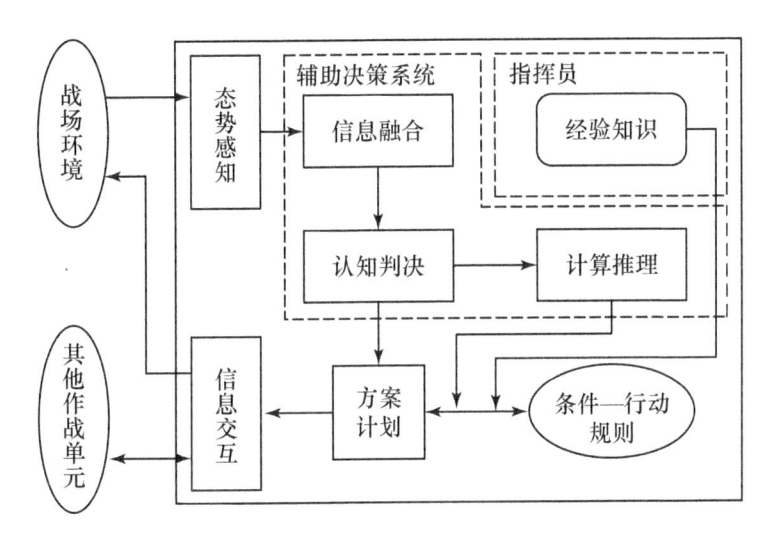

图2.7 有人机的概念模型

有人机定义为多元组 MAVM=<*MAV*,MAV_SW,MAV_AD,MAV_IF>,其中,*MAV* 表示有人机集合,MAV_SW 表示有人机的态势感知能力,MAV_AD 表示有人机的辅助决策能力,MAV_IF 表示有人机的信息融合与交互能力。

(3) 无人机

无人机在指挥控制单元和有人机指挥控制下,完成任务集结、编队控制等动作,并完成指定任务区域的侦察探测、跟踪识别、通信中继、电子干扰和协同攻击等任务。在此过程中,无人机的平台决策系统负责进行任务计划、攻击决策和载荷运用方面的各类解算。图 2.8 所示为无人机的概念模型。

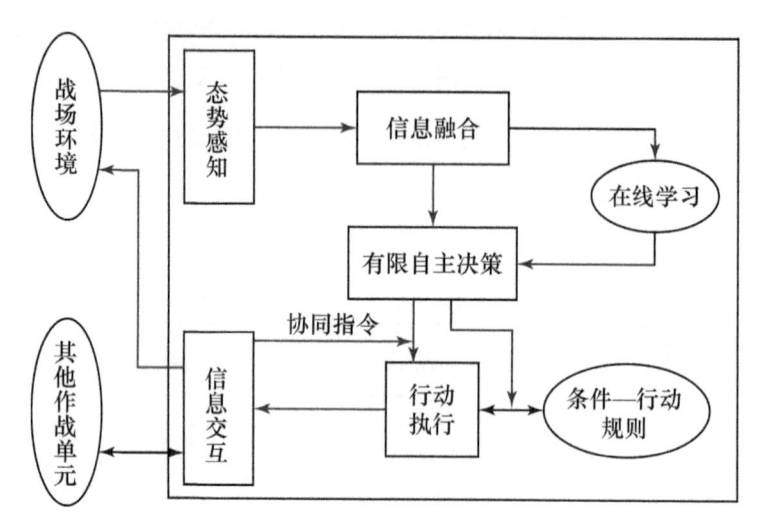

图 2.8　无人机的概念模型

无人机可以定义为多元组 UAVM = <UAV, UAV_SW, UAV_LD, UAV_IF>，其中，UAV 表示无人机集合，UAV_SW 表示无人机的态势感知能力，UAV_LD 表示无人机的有限自主决策能力，UAV_IF 表示无人机的信息融合与交互能力。

2. 有人/无人机任务联盟的构建目标

有人/无人机任务联盟是信息时代空中作战组织的典型样式，集中反映了分布式网络化作战力量编成的结构特征：在传统空中作战中，组织结构保持高度集中性，而基于信息栅格，作战单元能够面向使命任务按照特定规则进行"积木"式组合进行快速拼接，形成整体作战能力。同样地，有人/无人机任务联盟集中体现了自适应指挥控制的需求，底层执行单元——无人机能够按照指挥控制单元和有人机的指令，以一定的有限自主深度参与作战决策过程，发挥自主决策优势，以适应甚至塑造快捷作战节奏。

有人/无人机任务联盟的构建目标主要体现在四个方面:一是通过任务联盟这一作战单元链接形式,实现分散力量和集中效果的统一;二是面向高度复杂性和不确定性战场环境,形成机动灵活的作战力量体系,并能够根据战场态势的变化实现联盟成员和结构的重组;三是形成高效精准的联盟运行规则,在作战任务执行过程中,根据联盟运行规则规定不同作战单元的角色行为,赋予相应的处置权限;四是建立完备性、扩展性较强的联盟成员互信机制,任务联盟具有相同或相近目标,本质是利益共同体,需要在任务分配和执行过程中充分体现合作性、互补性,共同完成使命任务。

3. 有人/无人机任务联盟的作战流程

有人/无人机任务联盟的形成受使命任务驱动,并在使命任务完成后解散,其模型描述可以表示为 $MCM=<S,P,F>$,其中,S 为状态集合,P 为权限集合,F 为状态转移集合。

状态集合 S 主要包括作战准备状态、规划形成状态、运行调整状态和联盟解散状态。其中,作战准备状态下,战场空间中的所有作战单元处于待划属状态,随时根据需要划入特定联盟。规划形成状态是指按照一定的作战使命分解策略,将作战使命分解为多个作战任务,根据作战任务时序和组合逻辑关系,生成行动方案;根据作战任务的资源能力需求和作战单元的资源能力属性,进行面向资源匹配的作战任务—作战单元组合方案生成;按照指挥控制关系,根据作战任务需要和战场态势情况,确定作战单元的各类作战权限分配结果。运行调整状态是有人/无人机作战组织按照各类作战方案计划进行任务执行并进行任务执行情况的监视,当战役目标和战场态势(任务、资源状态)发生变化时,以预先方案计划作为基准进行方案计划的优化调整并按照新的方案计划进行任务执行。联盟解散状态是在使命任务完成后,相应的任务联盟解散、释放相应作战资源,并进行下一使命任务的作战准备。

权限集合 P 规定了联盟构建、联盟解散、作战调度及调整、任务执行等各类作战活动的权限。一般而言,联盟构建和解散的权限归属于指挥控制单元,作战调度及调整的权限归属于指挥控制单元或有人机,任务执行的权限归属于有人机或无人机。

状态转移集合 F 用于描述联盟权限对联盟状态的影响。联盟处于作战准备状态下,根据构建权限按照一定流程进行联盟构建,联盟转入规划形成状态。在规划形成状态下,根据作战调度及调整、任务执行权限进行联盟运行或调整,联盟转入运行调整状态。在规划形成状态或运行调整状态下,根据解散权限进行联盟解散,联盟转入解散状态。在联盟解散状态下,进行作战资源释放,联盟再次转入作战准备状态。图 2.9 所示为有人/无人机任务联盟的作战流程。

从以上分析可以看出,任务联盟的作战流程更多是从联盟使命周期的角度进行描述,主要面向战役层面的规划和执行,较少涉及战术层面。

2.3.2 有人/无人机 Holon 组织

Holon 一词源于匈牙利哲学家 Koestler 的著作《机器里的灵魂》,中文名翻译为"合弄",用于描述复杂组织内部既作为"整体"又作为"部分"的单元。Holon 单元具有自治和协作能力,其中,自治能力表示 Holon 单元能够对外界刺激进行有效响应并基于一定学习机制迭代优化,是整体性的体现;协作能力表示不同 Holon 单元在上级指挥下进行协同任务执行,是部分性的体现。在不同的观察层次,Holon 组织各自显现出整体性和部分性,对于下层单元更多表现为整体性,对于上层单元更多表现为部分性。

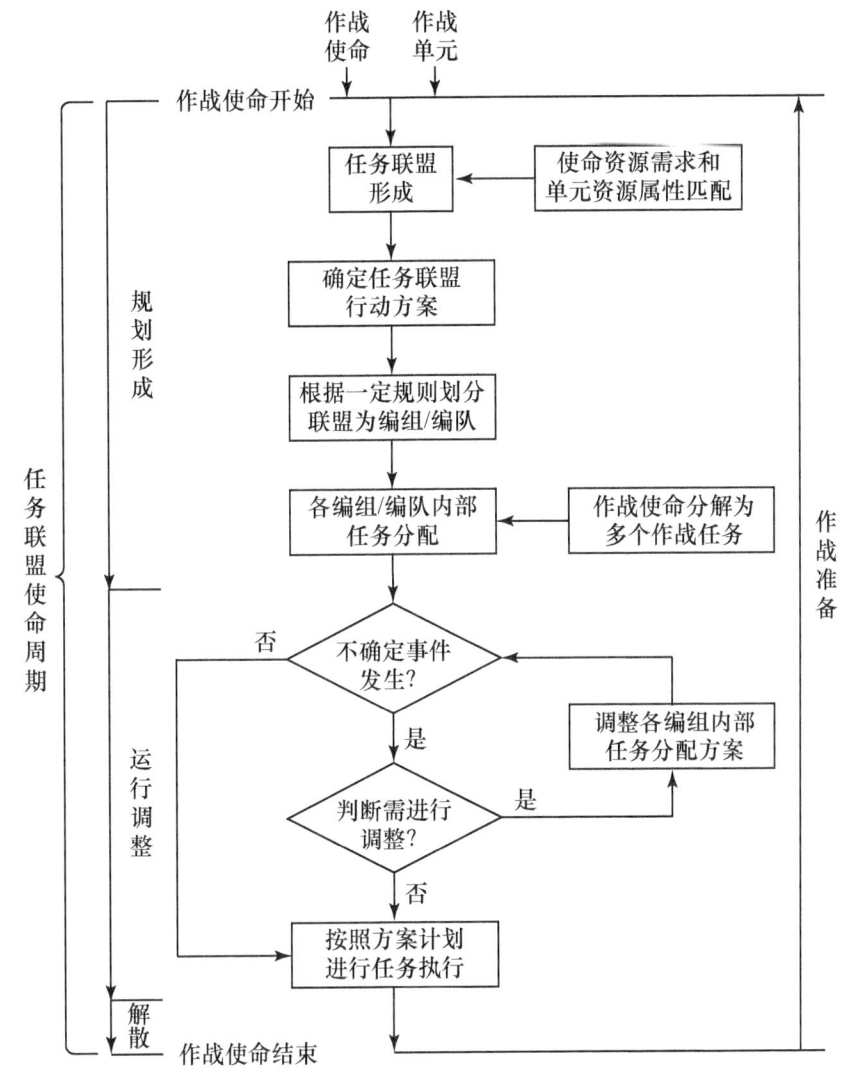

图 2.9 有人/无人机任务联盟的作战流程

1. 有人/无人机 Holon 组织的概念模型

Holon 组织表现为一定特征,主要为分散性和集中性、互补性和相似性的统一。分散性和集中性是由于 Holon 单元具有的自治性和协作性,使得 Holon 组织具有一定自主能力同时具备面向系统整体的协调能力。互补性和相似性是对应于 Holon 单元的功能角度而言的,不同 Holon 单元具有不同的系统功能，但整体上面向使命任务实现互补增益，而低层 Holon 单元进行封装形成高层 Holon 单元，从高层到低层具有自相似的分形结构。

关于有人/无人机 Holon 组织中的 Holon 单元，从结构要素的分类来看，主要包括编组 Holon、编队 Holon 和单机 Holon。其中，单机 Holon 是独立执行相应任务的基本作战单元，如有人机、无人机等。

从功能要素的分类来看，主要包括任务 Holon、资源 Holon、管理 Holon、监督 Holon、信息 Holon、计划 Holon、调度 Holon 和协调 Holon。其中，任务 Holon 主要实现任务信息存储和任务动态管理；资源 Holon 包括执行作战任务的各类作战资源，如侦察探测资源、火力打击资源、电子对抗资源等；管理 Holon 负责监视兵力、行动和任务状态，并进行适时评估反馈；信息 Holon 负责态势、指控和状态各类信息的收集、处理和共享；计划 Holon 负责面向任务的资源需求，生成一定的资源调度计划；调度 Holon 主要用于控制作战资源，实现面向任务、基于计划的资源调度执行；协调 Holon 负责完成不同 Holon 单元之间的协调。图 2.10 所示为有人/无人机 Holon 组织功能要素关系模型。

对于指挥控制 Holon、有人机 Holon 和无人机 Holon 而言，其所拥有的功能要素并不完全一致。一般而言，指挥控制 Holon 的功能要素包括管理 Holon、监督 Holon、信息 Holon、计划 Holon、调度 Holon 等。图 2.11 所示为指挥控制 Holon 的概念模型。

有人机 Holon 的功能要素包括监督 Holon、信息 Holon、计划 Holon、调度 Holon、协调 Holon 等。图 2.12 所示为有人机 Holon 的概念模型。

无人机 Holon 的功能要素包括信息 Holon、计划 Holon、调度 Holon、协调 Holon 等。图 2.13 所示为无人机 Holon 的概念模型。

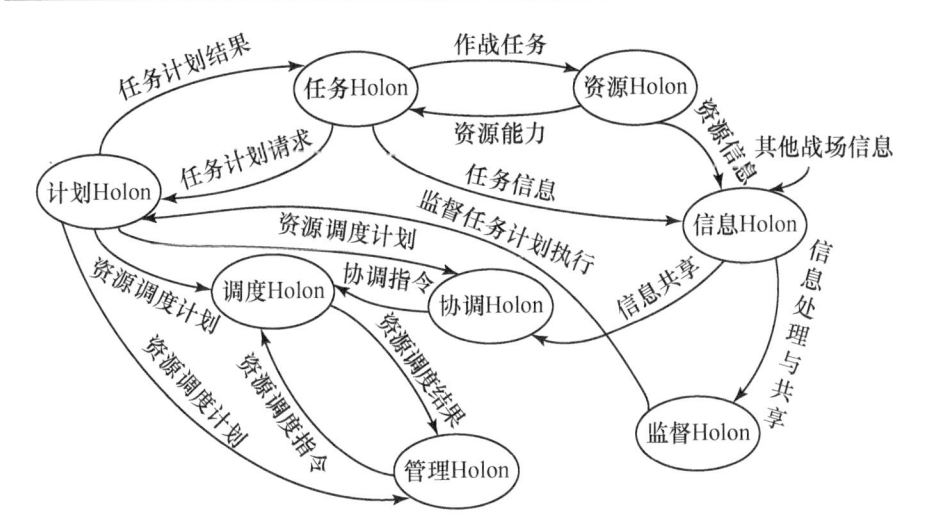

图 2.10 有人/无人机 Holon 组织功能要素关系模型

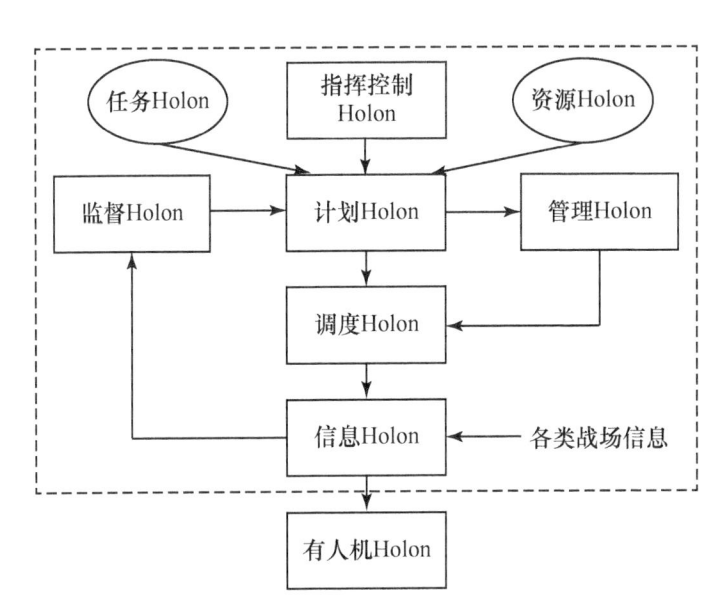

图 2.11 指挥控制 Holon 的概念模型

2. 有人/无人机 Holon 组织的构建目标

有人/无人机 Holon 组织需要根据作战任务、作战资源和战场态势等情况进行以任务计划为核心的调度行为,这个过程的关键环节

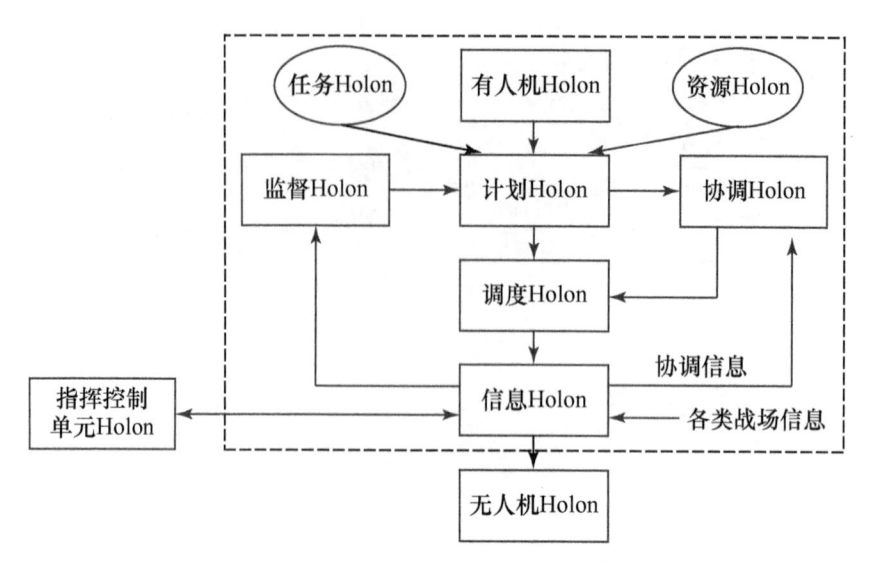

图 2.12　有人机 Holon 的概念模型

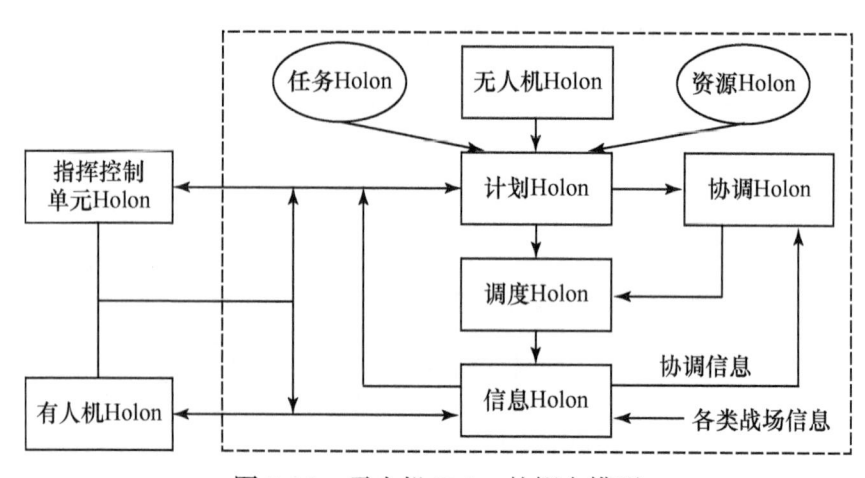

图 2.13　无人机 Holon 的概念模型

主要包括确定兵力运用方案和任务分配方案。因此,从组织层次角度出发,构建包括物理资源层、动态组织层和作战业务层等在内的有人/无人机 Holon 组织。

其中,物理资源层包括参与有人/无人机协同作战的各类作战资源,是 Holon 组织的基本单元要素。动态组织层负责基于现有作战资源,在现有作战任务需求下进行任务调度的监督管理,并能够根据战场态势变化进行方案计划的因时因势调整。作战业务层规定了有人/无人机 Holon 组织需要执行的作战任务,即协同作战运用典型场景。图 2.14 所示为有人/无人机 Holon 组织体系结构。

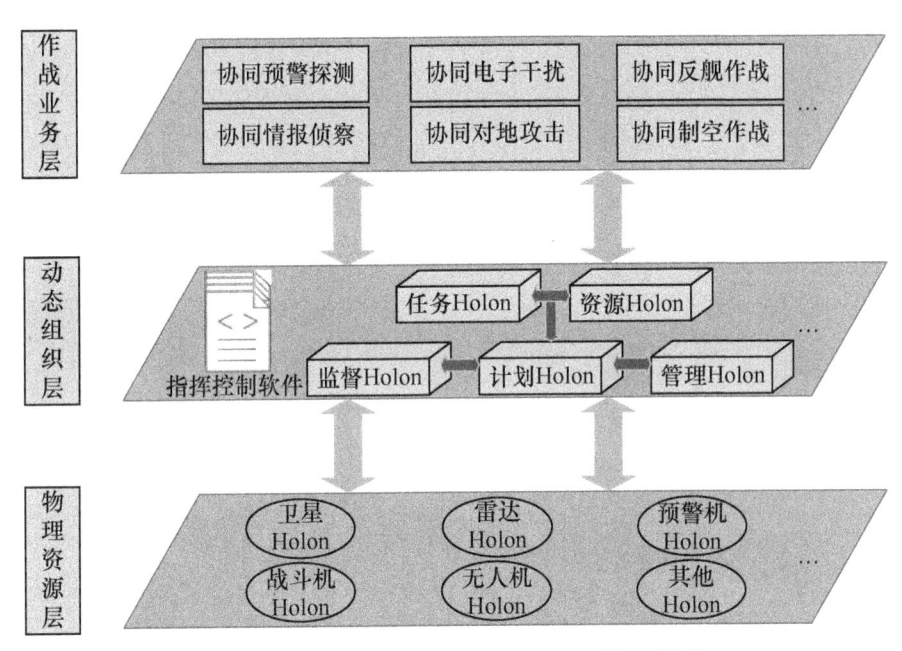

图 2.14 有人/无人机 Holon 组织体系结构

3. 有人/无人机 Holon 组织的作战流程

有人/无人机 Holon 组织的作战流程包括作战准备、计划生成、计划调整、攻击决策和作战结束等阶段,而突发事件触发的动态决策分配贯穿于计划生成后全过程。

(1) 作战准备阶段。

在接受上级作战命令后,指挥控制单元 Holon 运用侦察卫星、高空侦察平台以及其他侦察手段侦测作战区域内天气、地形等战场环境概略信息和目标类型、数量、雷达状态、防护能力等作战目标概略信息。

(2) 计划生成阶段。

有人机 Holon 和无人机 Holon 在指挥中心战场环境信息、作战目标信息支援下,结合自身状态信息,按照一定聚类和匹配规则,进行目标聚类和平台匹配决策,形成多个有人/无人机编组 Holon,在此基础上,根据一定调度规则,生成各编组 Holon 内的任务执行计划。

(3) 计划调整阶段。

在任务执行过程中,有人机 Holon 进行战场监视,若发生战场突发事件,无人机 Holon 侦测战场突发信息并反馈至有人机 Holon,有人机 Holon 和无人机 Holon 根据战场突发信息进行平台编成与任务执行计划调整。在此过程中,有人机 Holon 将各类作战信息持续反馈给指挥控制单元 Holon。

(4) 攻击决策阶段。

无人机 Holon 根据确定的任务执行计划,在条件允许时进行自主攻击决策,若出现决策困难或有人机指挥员认为必要时,由有人机 Holon 进行目标攻击干预决策,从而共同完成协同攻击决策。

(5) 作战结束阶段。

编组 Holon 完成对作战目标的攻击任务后,由指挥控制单元 Holon 根据编组 Holon 任务完成情况,在对战场信息综合分析基础上,对作战效果进行评估。若达到相应作战预期,则指挥引导有人机 Holon 和无人机 Holon 离开作战任务区域;反之,进行下一轮任务决策执行。在 Holon 组织中,指挥员作用主要体现在动态组织层的监督、计划和管理功能。

2.3.3 有人/无人机计算数学组织

20 世纪 90 年代初,Cathleen 等在总结前人对组织理论研究成果基础上，提出了计算数学组织理论。计算数学组织理论是人工智能、社会学和信息学交叉的研究领域，其兴起原因是实证研究等传统组织研究方法无法描述组织内部、组织及其环境之间的复杂交互关系，更难以解释这些非线性、动态性关系引起的复杂系统涌现现象，亟需引入包含数理分析过程的计算数学技术来解决上述问题。这一理论研究的最初研究动机为：①借鉴传统组织理论和组织设计方法，结合计算数学工具和手段研究多主体系统，期望能快速、高效建立大型复杂协作问题的求解机制；②考虑信息技术对组织理论的影响，从根本上拓展组织理论研究，建立人机共栖的新型社会组织方法学。计算数学组织理论通过数学模型对组织理论进行建模和验证，其认为组织是由智能主体及其活动过程组成，智能主体具有集体行为、任务导向和有限理性等特性，并通过其行为与环境进行相互影响。

1. 有人/无人机计算数学组织的概念模型

计算数学组织理论的研究重点是组织设计、组织学习、组织文化和组织适应性。结合信息时代作战特点，计算数学组织理论也可被运用于有人/无人机作战组织的描述和效能分析，通过分析信息和网络技术对有人/无人机作战组织的影响研究全新组织形式，从而为有人/无人机作战组织行为提供决策支持。

基于该理论，可以描述和分析有人/无人机作战组织的结构，并建立对有人/无人机计算数学组织进行描述的概念模型，主要包括PCANS模型和基于模拟退火的有人/无人机计算数学组织适应性行为模型。PCANS模型得名于组织基本要素间的五类关系，即将有人/无人机计算数学组织的基本要素分为三类：决策个体、任务和资源，并利用矩阵描述这三种基本元素间的关系，如任务间的执行顺序关系矩阵 P、任务对资源的需求关系矩阵 C、个体对任务的执行关系矩阵 A、决策个体间的协作关系矩阵 N 和个体对资源的拥有关系矩

阵 S。

PCANS 模型中包含了关于有人/无人机计算数学组织的丰富信息,如谁拥有什么资源、负责什么任务、和谁进行协作等,通过对这一模型进行拓展可以包含更广泛信息。图 2.15 所示为基于 PCANS 模型建立的有人/无人机计算数学组织。

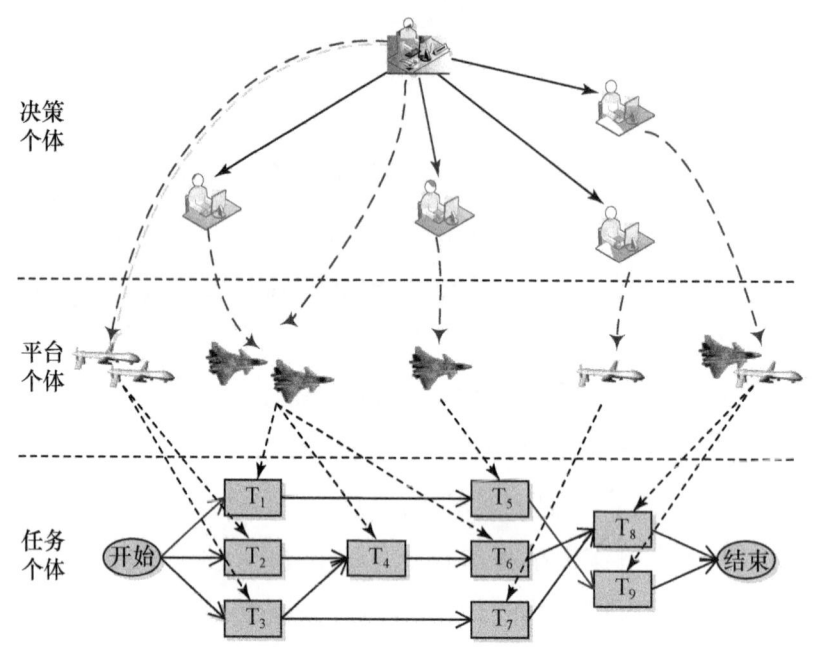

图 2.15　基于 PCANS 模型的有人/无人机计算数学组织

图 2.15 中,描述了决策个体、平台个体和任务个体之间的关系。可以看出,有人/无人机计算数学组织是面向任务的。基于三类个体的划分,有人/无人机计算数学组织中的关系主要包括：任务个体间的序列关系、平台个体对任务个体的执行关系、平台个体间的协作关系、决策个体对平台个体的指挥控制关系、决策个体间的指挥控制和协作关系等。

基于上述概念模型,通过定义单元要素和要素关系,特别是设计

第2章 有人/无人机协同作战决策总体分析

要素关系实现计算数学组织生成。单元要素是组成有人/无人机计算数学组织的基本单元,从单元要素集合定义、基本属性出发,对有人机、指挥员、无人机、目标、任务、目标簇和突发事件7类单元要素进行分析。

(1)有人机(MAV,M),是有人/无人机计算数学组织的作战管理者,依赖指挥员和智能辅助决策系统进行作战管理,并在必要时与无人机进行战术协同,从而共同完成作战任务。有人机集合记为$S_M=\{M_1,M_2,\cdots,M_I\}$,其中,$I$为有人机数量。对于$\forall M_i \in S_M$,其基本属性为:指控负载阈值$\alpha_i$。

(2)指挥员(Human,H),是有人/无人机计算数学组织的决策核心,负责提供作战决策直觉、经验和智慧。指挥员集合记为$S_H=\{H_1,H_2,\cdots,H_P\}$,其中,$P$为指挥员数量。对于$\forall H_p \in S_H$,其基本属性为:工作负荷阈值$W_{\max}^p$。

(3)无人机(UAV,U),是有人/无人机计算数学组织的任务执行者,在战场前沿执行各类作战任务,同时,在条件允许时进行有限自主决策。无人机集合记为$S_U=\{U_1,U_2,\cdots,U_J\}$,其中,$J$为无人机数量。对于$\forall U_j \in S_U$,其基本属性为:①资源能力向量$\boldsymbol{R}_j^U=[r_{j1}^U,r_{j2}^U,\cdots,r_{jN}^U]$,$N$为资源种类,若$r_{jn}^U>0(1\leqslant n\leqslant N)$,则$r_{jn}^U$表示无人机$U_j$的第$n$类作战资源数量,若$r_{jn}^U=0$,则表示$U_j$不具备第$n$类作战资源;②位置$\mathrm{Loc}_j^U=(x_j^U,y_j^U)$;③平均航速$\bar{v}_j$。

(4)目标(Target,G),是有人/无人机计算数学组织的直接作战对象。目标集合记为$S_G=\{G_1,G_2,\cdots,G_K\}$,其中,$K$为目标数量。对于$\forall G_k \in S_G$,其基本属性为:①资源需求向量$\boldsymbol{R}_k^G=[r_{k1}^G,r_{k2}^G,\cdots,r_{kN}^G]$;②位置$\mathrm{Loc}_k^G=(x_k^G,y_k^G)$。

(5)任务(Task,T),是有人/无人机计算数学组织采取的作战行动。任务集合记为 $S_T=\{T_1,T_2,\cdots,T_L\}$，其中，$L$ 为任务数量，一般对目标执行侦察、打击、评估任务，因此，有 $L=3K$ 成立。对于 $\forall T_l \in S_T$，其基本属性为：①资源需求向量 $\boldsymbol{R}_l^T=[r_{l1}^T,r_{l2}^T,\cdots,r_{lN}^T]$；②任务开始时刻 sc_l^T；③任务完成时刻 fc_l^T；④任务处理时长 dc_l^T；⑤位置 $\mathrm{Loc}_l^T=(x_l^T,y_l^T)$；⑥任务执行开始点坐标 $\mathrm{SLoc}_l^T=(sx_l^T,sy_l^T)$；⑦任务执行结束点坐标 $\mathrm{ELoc}_l^T=(ex_l^T,ey_l^T)$。则有 $fc_l^T=sc_l^T+dc_l^T$ 成立，且对 $\forall k(1\leq k\leq K)$，$\exists l=3k$，有 $\boldsymbol{R}_k^G=\boldsymbol{R}_{l-2}^T+\boldsymbol{R}_{l-1}^T+\boldsymbol{R}_l^T$ 成立。

(6) 目标簇（Target Cluster, C），是按照一定聚类规则对目标聚类形成的目标分组。目标簇集合记为 $S_C=\{C_1,C_2,\cdots,C_M\}$，其中，$M$ 为目标簇数量。对于 $\forall C_m \in S_C$，其基本属性为：①包含目标数量 $\sum_{k=1}^{K}x_{km}^{G-C}$；②中心点坐标 $\mathrm{Loc}_m^C=\left(\sum_{k=1}^{K}x_{km}^{G-C}x_k^G/\sum_{k=1}^{K}x_{km}^{G-C},\sum_{k=1}^{K}x_{km}^{G-C}y_k^G/\sum_{k=1}^{K}x_{km}^{G-C}\right)$；③资源需求向量 $\boldsymbol{R}_m^C=\left[\sum_{k=1}^{K}x_{km}^{G-C}r_{k1}^G/\sum_{k=1}^{K}x_{km}^{G-C},\cdots,\sum_{k=1}^{K}x_{km}^{G-C}r_{kN}^G/\sum_{k=1}^{K}x_{km}^{G-C}\right]$，其中，$x_{km}^{G-C}$ 表示目标 G_k 是否归属于目标簇 C_m 的决策变量，若是，则 $x_{km}^{G-C}=1$，若否，则 $x_{km}^{G-C}=0$。

(7) 突发事件（Sudden Event, E），是有人/无人机计算数学组织可能遭遇的非计划事件，一般包括平台失效、目标变更、突发威胁和无人机自主攻击决策困难等。突发事件集合记为 $S_E=\{E_1,E_2,\cdots,E_O\}$，其中，$O$ 为突发事件数量。对于 $\forall E_o \in S_E$，其基本属性为：①处理收益 Y_o；②处理所需工作负荷 W_o；③事件出现时刻 sc_o^E；④事件处理时间 dc_o^E；⑤事件等待处理时间 wc_o^E；⑥事件处理完成时刻 fc_o^E。则有 $fc_o^E=sc_o^E+wc_o^E+dc_o^E$ 成立。

有人/无人机协同作战决策要素关系主要包括作战计划类关系和突发事件类关系两类，作战计划类关系主要包括直接关系（关系

1~关系5)、间接关系(关系6、关系7)和辅助关系(关系8),具体定义如下。

(1) 目标—任务分解关系 Rel_{G-T}。由矩阵 $\boldsymbol{X}^{G-T} = (x_{kl}^{G-T})_{K \times L}$ 表示,若任务 T_l 为目标 G_k 的分解任务,则 $x_{kl}^{G-T} = 1$,否则 $x_{kl}^{G-T} = 0$。由于每一目标均可分解为侦察、打击、评估任务,因此,$\boldsymbol{X}^{G-T}$ 为预先设定矩阵。图2.16所示为 Rel_{G-T} 的一个示例。

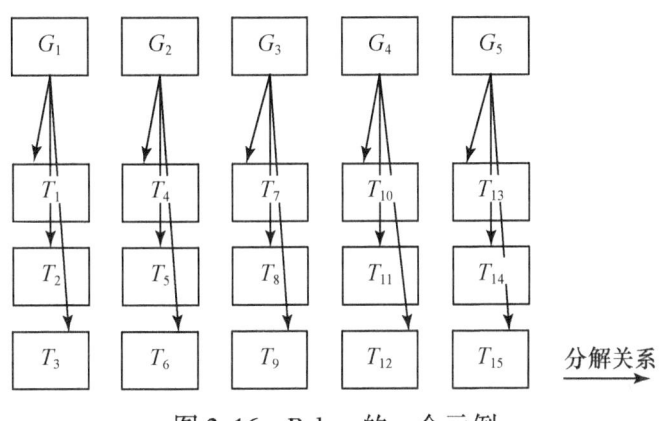

图 2.16　Rel_{G-T} 的一个示例

(2) 目标—目标簇聚类关系 Rel_{G-C}。由矩阵 $\boldsymbol{X}^{G-C} = (x_{km}^{G-C})_{K \times M}$ 表示,若目标 G_k 归属于目标簇 C_m,则 $x_{km}^{G-C} = 1$,否则 $x_{km}^{G-C} = 0$。图2.17所示为 Rel_{G-C} 的一个示例。

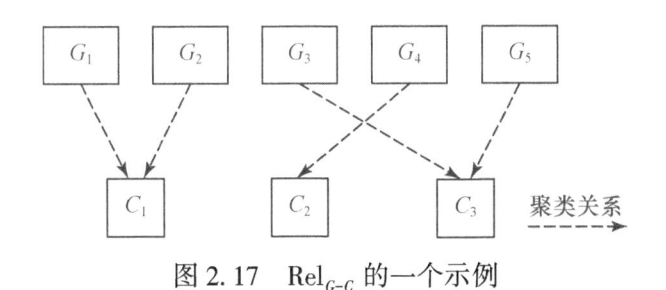

图 2.17　Rel_{G-C} 的一个示例

(3) 有人机—目标簇匹配关系 Rel_{M-C}。由矩阵 $\boldsymbol{X}^{M-C} = (x_{im}^{M-C})_{I \times M}$

表示,若有人机 M_i 指挥无人机执行目标簇 C_m 内任务,则 $x_{im}^{M-C}=1$,否则 $x_{im}^{M-C}=0$。图 2.18 所示为 Rel_{M-C} 的一个示例。

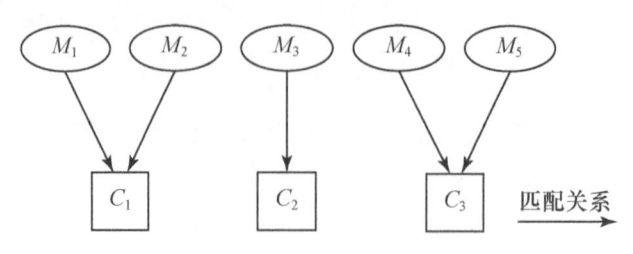

图 2.18 Rel_{M-C} 的一个示例

(4) 无人机—目标簇匹配关系 Rel_{U-C}。由矩阵 $\boldsymbol{X}^{U-C}=(x_{jm}^{U-C})_{J\times M}$ 表示,若无人机 U_j 执行目标簇 C_m 内任务,则 $x_{jm}^{U-C}=1$,否则 $x_{jm}^{U-C}=0$。图 2.19 所示为 Rel_{U-C} 的一个示例。

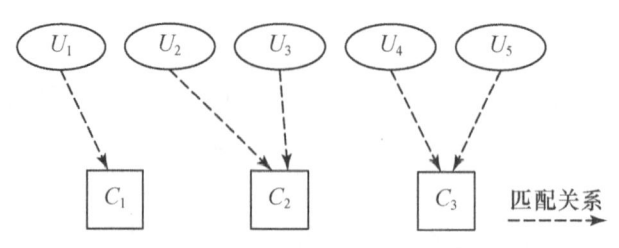

图 2.19 Rel_{U-C} 的一个示例

(5) 无人机—任务执行关系 Rel_{U-T}。由矩阵 $\boldsymbol{X}^{U-T}=(x_{jl}^{U-T})_{J\times L}$ 表示,若无人机 U_j 执行任务 T_l,则 $x_{jl}^{U-T}=1$,否则 $x_{jl}^{U-T}=0$。图 2.20 所示为 Rel_{U-T} 的一个示例。

(6) 有人机—无人机指控关系 Rel_{M-U}。由矩阵 $\boldsymbol{X}^{M-U}=(x_{ij}^{M-U})_{I\times J}=\boldsymbol{X}^{M-C}(\boldsymbol{X}^{U-C})^{\text{T}}$ 表示,若有人机 M_i 指挥无人机 U_j 执行某一目标簇内任务,则 $x_{ij}^{M-U}=1$,否则 $x_{ij}^{M-U}=0$。图 2.21 所示为 Rel_{M-U} 的一个示例。

(7) 任务—目标簇归属关系 Rel_{T-C}。由矩阵 $\boldsymbol{X}^{T-C}=(x_{lm}^{T-C})_{L\times M}=(\boldsymbol{X}^{G-T})^{\text{T}}\boldsymbol{X}^{G-C}$ 表示,若任务 T_l 归属于目标簇 C_m,则 $x_{lm}^{T-C}=1$,否则

第 2 章　有人/无人机协同作战决策总体分析

图 2.20　Rel$_{U-T}$ 的一个示例

图 2.21　Rel$_{M-U}$ 的一个示例

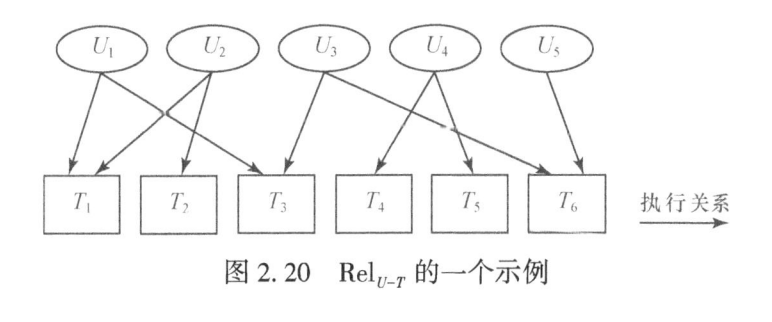

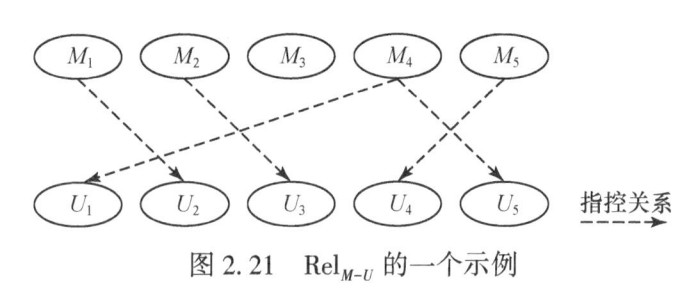

$x_{lm}^{T-C}=0$。图 2.22 所示为 Rel$_{T-C}$ 的一个示例。

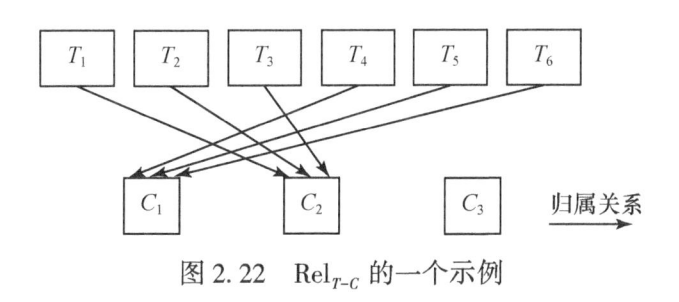

图 2.22　Rel$_{T-C}$ 的一个示例

(8) 任务—任务执行转移关系 Rel$_{U-T-T}$。由三维矩阵 $\boldsymbol{Y}^{U-T-T}=(y_{jl'l}^{U-T-T})_{J\times L\times L}$ 表示,若无人机 U_j 执行完任务 $T_{l'}$ 后执行 T_l,则 $y_{jl'l}^{U-T-T}=1$,否则 $y_{jl'l}^{U-T-T}=0$。特别地,若 $l=l'$,则 $y_{jl'l}^{U-T-T}=0$。$y_{jl'l}^{U-T-T}=1$ 的必要条件为 $x_{jl'}^{U-T}=x_{jl}^{U-T}=1$。图 2.23 所示为 Rel$_{U-T-T}$ 的一个示例。

突发事件类关系主要包括直接关系(关系 9、关系 10)、间接关系(关系 11、关系 12)和辅助关系(关系 13),具体定义如下。

57

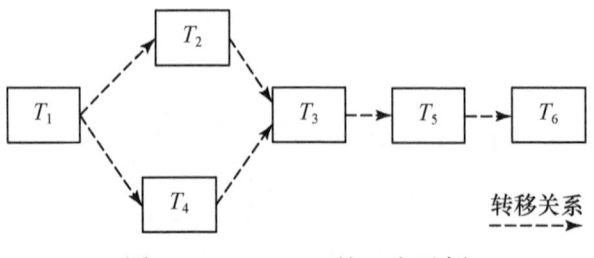

图 2.23 Rel$_{U\text{-}T\text{-}T}$ 的一个示例

(9) 指挥员—突发事件处理关系 Rel$_{H\text{-}E}$。由矩阵 $\boldsymbol{X}^{H\text{-}E} = (x_{po}^{H\text{-}E})_{P \times O}$ 表示,若指挥员 H_p 处理突发事件 E_o,则 $x_{po}^{H\text{-}E} = 1$,否则 $x_{po}^{H\text{-}E} = 0$。图 2.24 所示为 Rel$_{H\text{-}E}$ 的一个示例。

图 2.24 Rel$_{H\text{-}E}$ 的一个示例

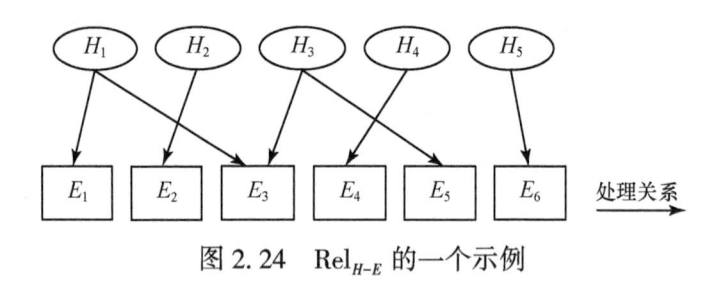

(10) 指挥员—有人机配属关系 Rel$_{H\text{-}M}$。由矩阵 $\boldsymbol{X}^{H\text{-}M} = (x_{pi}^{H\text{-}M})_{P \times I}$ 表示,若指挥员 H_p 配属有人机 M_i,则 $x_{pi}^{H\text{-}M} = 1$,否则 $x_{pi}^{H\text{-}M} = 0$。$\boldsymbol{X}^{H\text{-}M}$ 预先设定,无需设计。图 2.25 所示为 Rel$_{H\text{-}M}$ 的一个示例。

图 2.25 Rel$_{H\text{-}M}$ 的一个示例

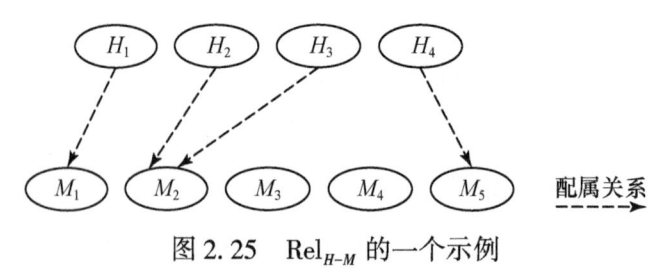

(11) 指挥员—目标簇匹配关系 Rel$_{H\text{-}C}$。由矩阵 $\boldsymbol{X}^{H\text{-}C} = (x_{pm}^{H\text{-}C})_{P \times M}$ = $\boldsymbol{X}^{H\text{-}M} \boldsymbol{X}^{M\text{-}C}$ 表示,若指挥员 H_p 与目标簇 C_m 匹配,则 $x_{pm}^{H\text{-}C} = 1$,否则

$x_{pm}^{H-C}=0$。图 2.26 所示为 Rel_{H-C} 的一个示例。

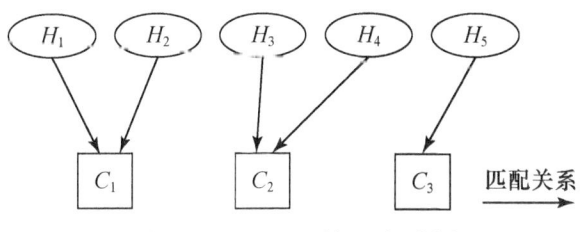

图 2.26 Rel_{H-C} 的一个示例

（12）突发事件—目标簇归属关系 Rel_{E-C}。由矩阵 $\bm{X}^{E-C}=(x_{om}^{E-C})_{O\times M}=(\bm{X}^{H-E})^{\text{T}}\bm{X}^{H-M}\bm{X}^{M-C}$ 表示，若突发事件 E_o 归属于目标簇 C_m，则 $x_{om}^{E-C}=1$，否则 $x_{om}^{E-C}=0$。图 2.27 所示为 Rel_{E-C} 的一个示例。

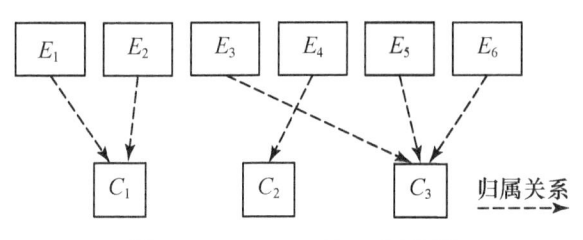

图 2.27 Rel_{E-C} 的一个示例

（13）突发事件—突发事件处理转移关系 Rel_{H-E-E}。由三维矩阵 $\bm{Y}^{H-E-E}=(y_{po'o}^{H-E-E})_{P\times O\times O}$ 表示，若指挥员 H_p 处理完突发事件 $E_{o'}$ 后处理 E_o，则 $y_{po'o}^{H-E-E}=1$，否则 $y_{po'o}^{H-E-E}=0$。特别地，若 $o=o'$，则 $y_{po'o}^{H-E-E}=0$。$y_{po'o}^{H-E-E}=1$ 的必要条件为 $x_{po'}^{H-E}=x_{po}^{H-E}=1$。图 2.28 所示为 Rel_{H-E-E} 的一个示例。

2. 有人/无人机计算数学组织的构建目标

计算数学组织的构建目标是构建稳健性和适应性较高的作战组织：前者是指组织在不进行重构或调整的基础上，通过冗余配置能够应对影响范围和程度较小的战场动因；后者是指当战场动因影响范围和程度较大导致稳健性机制失效时，需要进行组织重构或调整，即

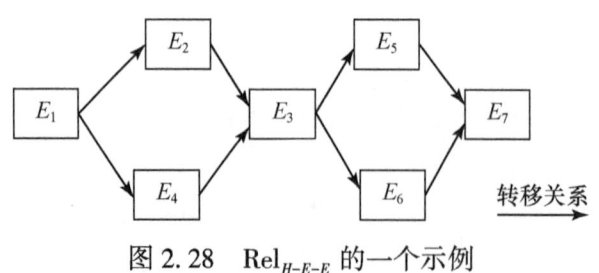

图 2.28 Rel$_{H-E-E}$ 的一个示例

需要变更组织要素的关系矩阵。

对于组织的稳健性,主要通过个体对任务的执行关系矩阵 **A** 体现。根据矩阵 **A** 中信息,基于任务执行个体的冗余度度量组织稳健性,定义公式为

$$F_{\text{robust}} = \frac{1}{L}\sum_{l=1}^{L}\left(\frac{1}{N}\sum_{n=1}^{N}\min(1, gt_{ln}/it_{ln})\right) \quad (2.1)$$

式中:gt_{ln} 为所有个体对第 l 个任务在第 n 项类型上的资源提供量;it_{ln} 为第 l 个任务在第 n 项类型上的资源需求量。

对于组织的适应性,主要通过重构或调整前后个体对任务的执行关系矩阵 **A** 和 **A**′ 体现。根据矩阵 **A** 和 **A**′ 中信息,基于组织重构或调整增益和代价度量组织适应性,定义公式为

$$F_{\text{adapt}} = g(mt_{\text{aft}}/mt_{\text{bef}}, dt) \quad (2.2)$$

式中:mt_{aft} 和 mt_{bef} 分别为重构或调整前后组织效能比值;dt 为重构或调整代价。

3. 有人/无人机计算数学组织的作战流程

以有人/无人机计算数学组织对作战目标执行侦察、打击和评估任务为例,借鉴分层递阶思想和粒度计算思想,对有人/无人机计算数学组织平台编成和任务执行计划分别进行生成和调整,具体包括以下六个步骤。

步骤 1 对作战目标集(任务集)和作战平台集进行初始化,输入

目标集(任务集)和作战平台集各类信息。

步骤2 依据一定聚类规则(目标间地理距离),并采用一定聚类算法,对目标进行聚类。

步骤3 依据一定匹配规则(能力冗余代价最小),并采用一定匹配算法,进行有人机—目标簇、无人机—目标簇匹配。

步骤4 依据一定调度规则(任务完成总时间最小),并采用一定调度算法,进行各目标簇内有人机监督控制下的无人机—任务执行关系设计。

步骤5 对任务执行过程中的突发事件进行分析,区分情况,在只需调整任务执行计划时,依据一定调整规则(任务完成总时间最小)进行任务执行计划调整。

步骤6 在需要对平台编成和任务执行计划均进行调整时,依据一定调整规则(需支援无人机数量和任务完成总时间最小)进行相应调整。

图2.29所示为有人/无人机计算数学组织执行侦察、打击和评估任务过程。

4. 不同作战决策组织形式异同

对于任务联盟、Holon组织和计算数学组织等不同的有人/无人机作战组织形式,存在一定异同。在共性方面,三种作战组织均是基于复杂自适应理论,面向作战任务形成的作战集体,区别在于实现途径和手段各有差异。任务联盟、Holon组织更多的是从控制架构的角度出发对作战组织进行描述,而计算数学组织更多的是从系统建模的角度出发对作战组织进行描述。

任务联盟是作战力量构成多元一体、组织关系结构网络对等、指控单元协同边缘自主背景下的产物,更加强调面向任务需求敏捷自主形成任务共同体。其既可以运用软计算方法确定执行不同作战任

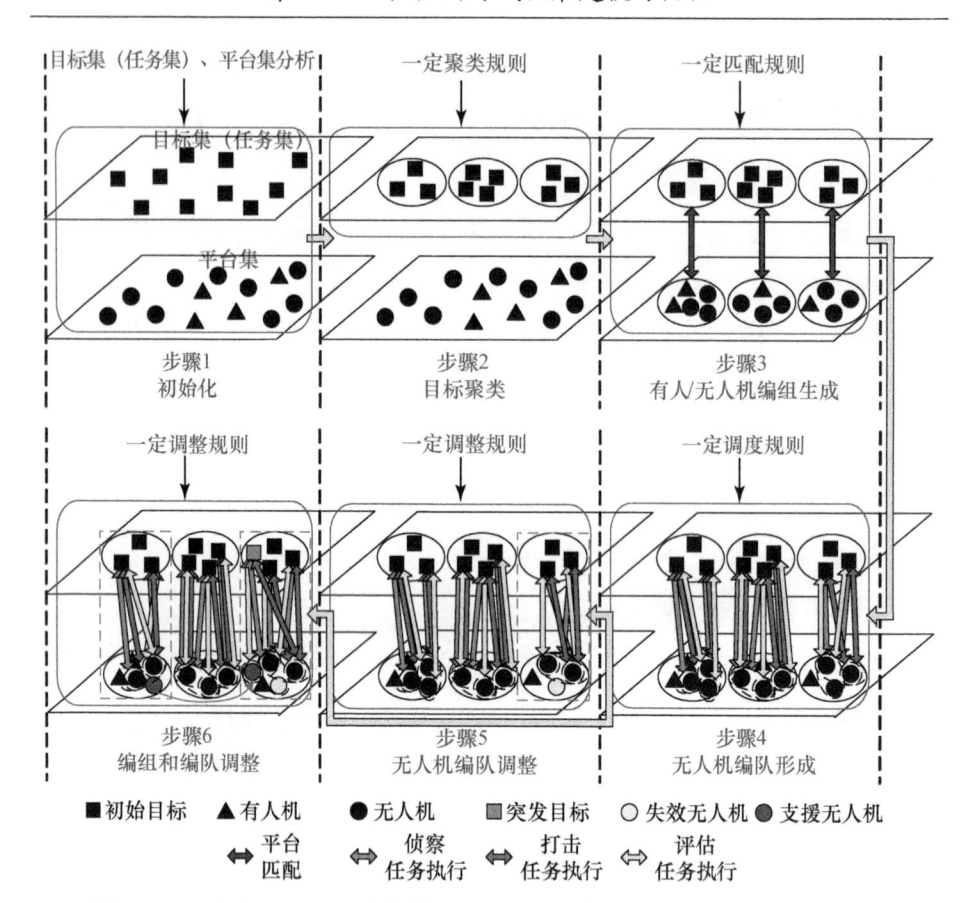

图 2.29　有人/无人机计算数学组织执行侦察、打击和评估任务过程

务的合作伙伴组合,也可以与计算数学组织理论相结合,采用多目标决策方法确定相应的任务合作伙伴;在控制方式上,任务联盟既可以采用集中式架构也可以采用分布式架构。任务联盟的优势在于能够充分利用多智能体建模技术实现对较细粒度的个体建模,且能够实现个体之间的协作与交互,但如何有效体现军事组织个体理性与集体理性混合的特点,仍然需要开展深入研究。在作战流程和效果上,任务联盟更多强调的是面向使命任务实现作战整体的灵活聚散,但由于形成联盟的个体均为理性自私的智能体,实际的联盟形成和调整在有些情况下并不能实现整体利益的最大化。因此,需要结合实

际作战中个体利益服从整体利益的特点,对任务联盟的机制算法进行相应改进,从而确保整体作战组织最优。

Holon 组织的构建基于 Holon 控制理论,而后者主要应用于柔性制造系统。总体上,Holon 控制理论与 MAS 理论既有联系又有区别:在某递阶结构底层的 Holon 可被视为 Agent,Holon 具有分形性质,即高层 Holon 由低层 Holon 构成,但高层 Agent 并不一定完全由低层 Agent 构成。Holon 组织的控制方式较多采用分布式架构,并基于分层控制思想进行作战资源调度系统的构建。Holon 组织既可以采用合同网、组合拍卖等显式协商机制,也可以采用蚁群 Stigmergy 等隐式协商机制,进行作战资源的调度。Holon 组织具有与任务联盟类似的优势,但其不足之处在于其控制架构在适配军事体系方面还需进一步完善。在作战流程和效果上,Holon 组织能够充分发挥分布式架构优势,充分体现后信息时代"分布式作战""马赛克战"等先进作战概念思想。但需要注意的是,要实现 Holon 组织的分布式,对所有作战平台的计算、通信和决策能力都提出了更高要求。因此,有人/无人机 Holon 组织更加适用于无人机自主控制等级较高的作战场景。

计算数学组织采用计算和数学手段,包括仿真模拟、专家系统、数据分析,以及形式逻辑、矩阵代数、网络分析、运筹分析等方法。计算数学组织的构建基于军事运筹理论,更多的是采用集中式架构。PCANS 模型和有人/无人机计算数学组织适应性行为模型的优势在于能够简洁明了地描述有人/无人机计算数学组织,简化组织设计工作。在不足之处方面,计算数学组织同样可以对不同个体之间的信息交互和面向任务的协作行为进行建模,但建模的粒度要比任务联盟、Holon 组织更粗。计算数学组织大多是从信息交互量、工作负载、决策质量等角度进行粗粒度的定义和分析,未深入分析和研究有人/无人机计算数学组织运作的关键域——信息域,并未深入到实际资源调度信息的交互层面；此外，较难对指挥员决策进行相应建模。本书主要考虑将计算数学组织与任务联盟进行融合研究，实现两者优势集成。在作战流程和效果上，由于计算数学组织所采用的集中式架构，使得组织形成、运行和调整的计算、通信和决策均集中于少数作战平台，使得组织的扩展性受到一定程度影响。表 2.4 所示为三种协同作战决策组织异同。

表 2.4　三种协同作战决策组织异同

作战组织	基础理论	概念侧重点	控制方式	运用形式
任务联盟	多智能体理论	面向任务、竞合统一	集中式或分布式	软计算或与计算数学组织结合
Holon 组织	Holon 理论	自组织、自管理、自适应	分布式	显式协商或隐式协商
计算数学组织	计算数学理论	通过计算技术辅助组织构建	集中式	形式逻辑、矩阵代数、运筹分析

第3章　有人/无人机协同作战平台编成计划生成方法

有人/无人机协同作战体系的平台编成,是由遂行作战任务的有人机和无人机临时组合形成的有机整体。有人/无人机协同作战体系的平台编成计划生成,需要满足一定基本要求,即编成类型与作战任务及兵力资源相适应,能够形成局部对敌优势进而保证作战任务有效实施,最大限度提高编成部队对战场态势适应能力。

3.1　平台编成计划生成分析

3.1.1　相关研究情况

面向未来大规模作战场景,如何有效实现作战计划的快速生成是一个十分重要且具有一定难度的问题。平台编成计划生成涉及面向目标体系分解的有人机平台和无人机平台力量运用组合,目标—有人机—无人机的匹配关系复杂度会随着三者数量的增加呈现指数级增长态势。目前,对于大规模场景下的有人/无人机协同作战平台编成计划生成问题的求解,常用方法是基于责任区划分按照分层递阶策略进行问题降维处理,将单个复杂问题分解为多个次复杂或简单问题,通过对转化后问题求解有效提高计划生成效率。具体来说,可以将大规模有人/无人机平台编成计划生成问题划分为三阶段子问题,即目标分簇、目标簇分配和簇内目标分配,前两个问题对应于平台编成计划,第三个问题对应于任务执行计划。总体上,划分编组、编队和平台三层层次结构,编组层以作战使命、战场态势为输入,主要完成有人/无人机战术编组形成、使命分配;编队层以战术编组方案、任务信息为输入,主要完成无人机时序任务分配;平台层以任务分配方案为输入,进行细化的航迹计划和载荷应用计划等。

对于平台编成计划生成问题,借鉴网络化防空领域、多智能体领域和空中管制领域研究成果,将联盟概念引入有人/无人机协同作战领域:刘重等人[23]针对异构无人机协同执行搜索打击任务问题,提出以最小化组建时间和最小化联盟规模的分阶次优快速组建算法,与粒子群算法相比实时性较好。Chen 等人[24]针对有人/无人机协同作战组织构建问题,建立了包括载荷资源、决策资源、网络效能、网络抗毁性、任务执行信任度、交互延迟、决策信息处理能力等多项约束,构建以最优化上述因素加权和为优化目标的数学模型,通过优化求解得到作战组织中协同关系、监督控制关系和决策授权关系的设计结果。总的来说,现有研究对有人/无人机协同作战平台编成方法具有一定的启示作用,需要在以下方面进行重点关注:一是平台编成计划生成是一个依赖于机制(问题降维)+策略(问题求解)的复合过程,虽然可能在整体上降低了解质量,但在有限时间内生成满意解对于实际作战更有意义。二是目标分簇(或者称为目标聚类)结果的优劣将直接影响后续平台编成计划,需要结合作战意图和规则开展科学合理的目标分簇。三是平台匹配是典型的复杂多目标、多约束问题,虽然通过问题降维有效降低了问题求解难度,但仍然需要采用高效算法求解生成满足多约束的最优或较优解。

3.1.2 建模基础分析

平台编成计划可形式化表征为 PMS=(X^{G-C}, X^{M-C}, X^{U-C}), 输入信息为 M、U、G、T、C 和 X^{G-T}, PMS 描述了目标—目标簇之间的聚类关系,有人机—目标簇、无人机—目标簇之间的匹配关系。

有人/无人机协同作战过程中,由于目标数量众多、广域分布,且有人机和无人机指控能力、资源能力和通信距离受限,将有人机和无人机编成为一个大编组进行任务执行存在计划生成复杂度高、作战耦合关系复杂、任务执行调度困难等缺点。而根据目标地理分布情况将作战目标聚合为相应目标簇,由相应有人机和无人机组合生成多个作战编组,负责对相应目标簇内的作战任务执行,各作战编组进行编组间协同,编组内平台进行编组内协同,有利于实现问题解耦,降低问题求解难度,形成纵向分层、横向协作的柔性协同作战体系。

网络化作战条件下,平台编成计划主要包括两个步骤:步骤 1 为确定所有目标应该如何聚类,从而确保地理分布相近的目标可以划为一簇,最终有效减小有人机监督控制下无人机任务执行代价;步骤 2 是在形成特定目标簇后,确定应该由哪些有人机指挥哪些无人机执行哪些目标簇内的目标,从而有效减小包括指控能力和资源能力在内的能力冗余代价。受到指控能力和资源能力约束的影响,平台编成计划生成的关键为步骤 2,即需在满足各作战约束下实现平台匹配。首先,定义目标簇指控能力满足度和目标簇资源能力满足度。

定义 3.1 目标簇指控能力满足度。目标簇指控能力满足度表征了匹配每个目标簇的所有无人机指控需求被满足的程度,定义 C_m 的目标簇指控能力满足度为

$$\text{CCS}_m = \sum_{i=1}^{I} \alpha_i x_{im}^{M-C} / \sum_{j=1}^{J} x_{jm}^{U-C} \tag{3.1}$$

定义 3.2　目标簇资源能力满足度。目标簇资源能力满足度表征了各目标簇内所有目标各类资源需求被满足的程度,定义 C_m 中第 n 类资源的资源能力满足度为

$$\mathrm{RS}_m^n = \sum_{j=1}^{J} r_{jn}^U x_{jm}^{U-C} \Big/ \sum_{k=1}^{K} r_{kn}^G x_{km}^{G-C} \tag{3.2}$$

指控能力冗余代价是有人机指控能力的折合成本,用指控能力冗余度来表征,冗余度偏离预期值越大表示代价越大,匹配 C_m 的有人/无人机作战编组指控能力冗余代价为

$$\eta_{\mathrm{CC}_m} = \mathrm{CCS}_m - 1 \tag{3.3}$$

则所有作战编组的平均指控能力冗余代价为

$$\bar{\eta}_{\mathrm{CC}} = \frac{1}{M} \sum_{m=1}^{M} \eta_{\mathrm{CC}_m} \tag{3.4}$$

资源能力冗余代价是无人机资源能力的折合成本,用资源能力冗余度来表征,冗余度偏离预期值越大表示代价越大。对于 C_m,所有资源的平均资源能力满足度为

$$\eta_{\mathrm{R}_m} = \frac{1}{N} \sum_{n=1}^{N} (\mathrm{RS}_m^n - 1) \tag{3.5}$$

则所有作战编组的平均资源能力冗余代价为

$$\bar{\eta}_{\mathrm{R}} = \frac{1}{M} \sum_{m=1}^{M} \eta_{\mathrm{R}_m} \tag{3.6}$$

平台编成计划 PMS 中,$\bar{\eta}_{\mathrm{CC}}$ 和 $\bar{\eta}_{\mathrm{R}}$ 是衡量 PMS 高效与否的关键指标,$\bar{\eta}_{\mathrm{CC}}$ 和 $\bar{\eta}_{\mathrm{R}}$ 越小,代表 PMS 越高效,因此,需要求解得到 $\bar{\eta}_{\mathrm{CC}}$ 和 $\bar{\eta}_{\mathrm{R}}$ 较小的平台编成计划。平台编成计划问题是典型的 NP-hard 问题,以 10 架有人机、40 架无人机匹配到 5 个目标簇为例,不考虑约束条件,解数量多达 $5^{10} \times 5^{40} \approx 8.8818 \times 10^{34}$,平台编成计划问题为紧约束问题,其可行解数量有限。因此,需要适当引入约束处理机制,防止算

法在不可行区域内进行无效搜索。

3.2 平台编成计划建模

为有效降低问题求解规模,将平台编成计划生成分解为目标聚类和平台匹配两个子问题,目标聚类是将广域分布的目标按照地理位置关系划分为多个目标簇,平台匹配是面向每个目标簇内的目标,分配有人机和无人机执行相应簇内任务。

3.2.1 目标聚类模型

对于目标聚类问题,需将地理距离较近的目标归为一类,这样可以有效节约平台资源,提高任务执行效率。

定义 3.3 目标位置距离。目标位置距离 $d(G_k, G_{k'})$ 表征了 2 个目标 G_k 和 $G_{k'}$ 位置的差异程度,当 G_k 和 $G_{k'}$ 位置相差不大时,则应归属于同一目标簇,从而有效减小无人机顺序执行 2 个目标的航行时间,其计算公式为

$$d(G_k, G_{k'}) = \sqrt{(x_k^G - x_{k'}^G)^2 + (y_k^G - y_{k'}^G)^2}, 1 \leq k, k' \leq K \quad (3.7)$$

式中:$d(\cdot)$ 算子可推广到目标和目标簇间的距离计算。

为保证各编组目标负载相对均衡,设定各目标簇内目标数量为常量 χ 或 $\chi+1$,其中,$\chi = \lfloor K/M \rfloor$。设包含目标数量为 χ 或 $\chi+1$ 的目标簇数量分别为 A_1 和 A_2,则有

$$A_1 + A_2 = M \quad (3.8)$$

$$A_1 \chi + A_2 (\chi + 1) = K \quad (3.9)$$

根据式(3.8)和式(3.9),可解得 $A_1 = M(\chi+1) - K, A_2 = K - M\chi$。因此,可建立目标聚类规划模型为

$$\min \sum_{k=1}^{K} \sum_{m=1}^{M} x_{km}^{G-C} \bar{d}(G_k, C_m)$$

$$\text{s. t.} \begin{cases} \sum_{m=1}^{M} x_{km}^{G-C} = 1, & 1 \leq k \leq K \\ \sum_{k=1}^{K} \sum_{m=1}^{M} x_{km}^{G-C} = K, & \\ \sum_{k=1}^{K} x_{km}^{G-C} = \chi \text{ 或 } \chi + 1, & 1 \leq m \leq M \\ x_{km}^{G-C} \in \{0,1\}, & 1 \leq k \leq K, 1 \leq m \leq M \end{cases} \quad (3.10)$$

式中：$\bar{d}(G_k, C_m)$ 为 $d(G_k, C_m)$ 的归一化值；第 1 个约束表示任一目标只能归属于一个目标簇；第 2 个约束表示所有目标均需归属某一目标簇；第 3 个约束保证各作战编组目标负载相对均衡；第 4 个约束表示 x_{km}^{G-C} 取值为 0 或 1。

3.2.2 平台匹配模型

在目标聚类后，需进行有人机—目标簇、无人机—目标簇的匹配，从而完成平台编成计划的生成。为了保证任务执行指控需求和资源需求，需采取一定的冗余机制，同时又需控制合理的冗余量，实现能力利用效率最大化。

(1) 编组层指控能力平均冗余代价 $\bar{\eta}_{CC}$ 最小，保证指控能力配置高效性。

$$\min \bar{\eta}_{CC} = \frac{1}{M} \sum_{m=1}^{M} \left(\sum_{i=1}^{I} \alpha_i x_{im}^{M-C} \Big/ \sum_{j=1}^{J} x_{jm}^{U-C} - 1 \right) \quad (3.11)$$

(2) 编组层资源能力平均冗余代价 $\bar{\eta}_R$ 最小，保证资源能力配置高效性：

$$\min \bar{\eta}_R = \frac{1}{M} \sum_{m=1}^{M} \left(\frac{1}{N} \sum_{n=1}^{N} \left(\sum_{j=1}^{J} r_{jn}^U x_{jm}^{U-C} \Big/ \sum_{k=1}^{K} r_{kn}^G x_{km}^{G-C} - 1 \right) \right) \quad (3.12)$$

因此,可建立平台匹配规划模型为

$$\min(\bar{\eta}_{CC}, \bar{\eta}_R)$$

$$\text{s.t.} \begin{cases} \eta_{CC_m} \geq \eta_0, & 1 \leq m \leq M \\ \eta_{R_m} \geq \eta_1, & 1 \leq m \leq M, 1 \leq n \leq N \\ x_{im}^{M-C} \in \{0,1\}, & 1 \leq i \leq I, 1 \leq m \leq M \\ x_{jm}^{U-C} \in \{0,1\}, & 1 \leq j \leq J, 1 \leq m \leq M \end{cases} \quad (3.13)$$

式中:η_0 为各目标簇内有人机指控能力最低冗余量;η_1 为各目标簇内各类资源能力最低冗余量;第1个约束表示每个目标簇内有人机指控能力必须满足最低冗余量;第2个约束表示每个目标簇内各资源能力必须满足最低冗余量;第3个约束表示 x_{im}^{M-C} 取值为0或1;第4个约束表示 x_{jm}^{U-C} 取值为0或1。

3.3 模型求解算法

求解式(3.10)所示的目标聚类问题,可采用聚类算法求解。传统目标聚类算法主要包括层次聚类法、K-平均法等,并具有相应的适用范围。考虑到要形成的目标簇数量已经确定,提出优选初始簇中心的贪心聚类(Greedy Clustering with Optimized Initial Cluster Centers,GCWOICC)算法,针对 K-平均法中随机选取初始簇中心造成聚类效果不佳问题,借鉴多目标优化中非支配排序和拥挤距离计算进行初始簇中心选取。

求解式(3.13)所示的平台匹配问题,可采用智能优化算法。人工蜂群算法通过模拟蜜蜂的觅食活动,从而实现组合优化问题的求解。提出多目标约束处理离散人工蜂群(Multi-objective Constraints Handling Discrete Artificial Bee Colony, MOCHDABC)算法,可用于求解式(3.13)等0-1类型多目标优化问题。

3.3.1 目标聚类模型求解算法

首先,介绍非支配排序和拥挤距离相关概念。

定义3.4 非支配排序。在多目标优化问题中,若个体f_1至少有一个优化目标优于个体f_2,且f_1的其他优化目标均不差于f_2,则称f_1支配f_2。此时,f_1的序值比f_2低,若两个个体的序值相同,则称其处于同一前端。

定义3.5 拥挤距离。拥挤距离用于表征同一前端各个体与相邻个体间的拥挤程度,拥挤距离越大,个体间越不拥挤,个体分布均匀性越好。拥挤距离的计算策略有多种,采用改进非支配排序遗传算法(Non-dominated Sorting Genetic Algorithm Ⅱ, NSGA-Ⅱ)中的拥挤距离计算策略。

然后,进行初始目标簇中心生成策略分析,将每个非簇中心目标到目标簇距离映射为多目标优化问题中的优化目标。在只需生成两个目标簇时,只需将距离最远的两个目标作为初始簇中心,随后进行迭代聚类直至满足条件;在需要生成三个或三个以上目标簇时,在选取第三个及之后的簇中心时,应选取那些距离已有目标簇中心均较远且拥挤距离更大的目标作为初始目标簇中心。这种机制可以有效避免在生成初始目标簇中心时,将本身相距较远的目标划为同一簇或本身相距较近的目标划为不同簇,从而影响后续迭代聚类的效果。基于上述分析,对于$K(K>2)$个目标形成M个目标簇的情况,具体的目标聚类算法如下。

步骤1 对所有目标间距离进行计算,生成距离矩阵$\boldsymbol{D}_0$,找到$\boldsymbol{D}_0$

中最大值 d_{max},并将其对应的目标 G_1 和 G_2 作为不同目标簇的初始簇中心。

步骤 2 判断 $M=2$ 是否成立,若是,则转至步骤 5。若 $M \neq 2$,计算所有剩余目标与已有簇中心 Z_1 和 Z_2 的距离,构成 $(K-2) \times 2$ 的矩阵 D_1,并对矩阵中 $K-2$ 个二维距离向量进行非支配排序,选取序值最大的距离向量所对应目标,若只有 1 个,则作为第 3 个目标簇的簇中心;若有多个,则执行步骤 3。

步骤 3 对序值最大的所有二维距离向量进行拥挤距离计算,并选取拥挤距离最大值所对应的目标作为第 3 个目标簇的簇中心 Z_3。

步骤 4 判断初始簇中心数量是否已达到 M,若是,执行步骤 5;若否,返回步骤 2 继续执行直到初始簇中心数量达到 M,不同的是,需计算所有剩余目标与所有已有簇中心 Z_1、Z_2、$\cdots$、Z_m 的距离值,构成 $(K-m) \times m$ 的矩阵 D_{m-1},并进行相应非支配排序和拥挤距离计算等后续操作。

步骤 5 分别计算所有剩余目标到 M 个簇中心的距离,对每个簇分别选取一个离其最近的剩余目标进行并入,为了避免冲突,当不同的簇需并入相同目标时,该目标优先并入距离较近的簇,而另一个簇并入距离次近的目标。

步骤 6 进行簇中心坐标更新,判断包含目标数量为 χ 的目标簇数量是否达到 A_1,或包含目标数量为 $\chi+1$ 的目标簇数量是否达到 A_2,若是,则达到目标数量限制的目标簇不再并入新的目标。

步骤 7 判断所有目标是否均已入簇,若是,则算法停止,反之,执行步骤 5。

通过步骤 1~步骤 7,可以得到目标-目标簇聚类关系矩阵 X^{G-C}。图 3.1 所示为 GCWOICC 算法流程。

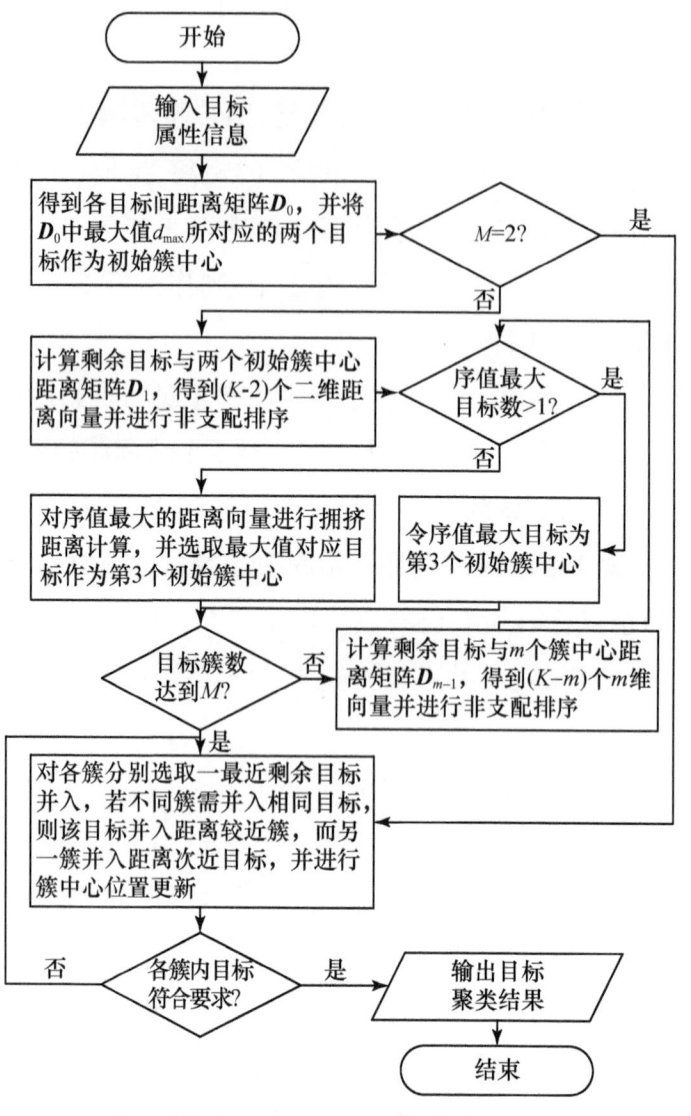

图 3.1 GCWOICC 算法流程

3.3.2 平台匹配模型求解算法

MOCHDABC 算法中,主要包括算法流程、蜜源编/解码和外部档案维护等关键环节,下面分别进行描述。

1. 算法流程

与经典蜂群算法一样,MOCHDABC算法流程主要包括4个阶段,分别为初始化阶段、雇佣蜂阶段、观察蜂阶段和侦察蜂阶段。初始化蜜源数量、雇佣蜂数量、观察蜂数量均为Q。

(1) 初始化阶段

初始蜜源均在可行区间内随机生成,随机生成初始平台—目标簇匹配矩阵$\boldsymbol{X}^{P\text{-}C}=[\boldsymbol{X}^{U\text{-}C}\ \boldsymbol{X}^{M\text{-}C}]=(x_{qs})_{Q\times(I+J)}$,矩阵的行数为蜜源数量$Q$,矩阵的列数为无人机和有人机数量之和$I+J$,其中,前$J$列表征无人机—目标簇匹配关系,第$J+1 \sim I+J$列表征有人机—目标簇匹配关系。如式(3.14)所示,为矩阵$\boldsymbol{X}^{P\text{-}C}$中第$q$行$s$列元素$x_{qs}$的计算公式

$$x_{qs} = x_s^{\min} + \text{rand} \times (x_s^{\max} - x_s^{\min}) \tag{3.14}$$

式中:$x_s^{\min}$和$x_s^{\max}$分别表示矩阵$\boldsymbol{X}^{P\text{-}C}$中第$s$列变量的上下界,rand表示取值在$(0,1)$区间的随机数。

设置外部档案容量同样为Q,初始蜜源形成后,将所有初始蜜源对应的解保存在外部档案ψ中。

(2) 雇佣蜂阶段

初始蜜源位置生成后,雇佣蜂根据记忆中的蜜源位置在蜜源附近寻找更好的蜜源,其更新公式为

$$x'_{qs} = \begin{cases} x_{qs} + \text{rand} \times (x_{qs} - \varphi_{qs}), \text{rand} < \delta \\ x_{qs} + \text{rand} \times (x_{q's} - \varphi_{qs}), \text{rand} \geq \delta \end{cases} \tag{3.15}$$

式中:x'_{qs}为新生成蜜源的元素,φ_{qs}为从ψ中随机选取蜜源对应位置元素,$x_{q's}$为其他蜜源对应位置元素,δ为更新阈值,一般取值为0.5。若x'_{qs}超出$[x_s^{\min}, x_s^{\max}]$的范围,则取x'_{qs}为最近边界值,即有

$$x'_{qs} = \begin{cases} x_s^{\min}, x'_{qs} < x_s^{\min} \\ x_s^{\max}, x'_{qs} > x_s^{\max} \end{cases} \tag{3.16}$$

对新蜜源的适应度值进行计算,若支配旧蜜源,则进行替换;若被支配,则保持旧蜜源不变;若等价,则随机选择替换或不变。

(3) 观察蜂阶段

所有雇佣蜂完成搜索后,与观察蜂交换蜜源位置信息,观察蜂采用有放回的锦标赛选择算子进行选择操作。随机在 Q 个蜜源中选取两个蜜源,所对应适应度值分别为 $F_1=(f_1',f_2')$ 和 $F_2=(f_1'',f_2'')$,若 F_1 支配 F_2,即满足

$$F_1 \prec F_2 \tag{3.17}$$

则选择第 1 个蜜源按照式(3.15)进行更新;反之,选择第 2 个蜜源进行更新。其中,≺代表 Pareto 不劣于。

(4) 侦察蜂阶段

当进行 cerGen 次迭代后,若存在蜜源的解质量没有提高,则该蜜源对应的雇佣蜂变为侦察蜂,放弃原有蜜源,按照式(3.14)生成新蜜源位置。

2. 蜜源编码和解码

MOCHDABC 算法采用实数编码方式,编码和解码分别对应决策变量空间和目标空间,决策变量空间主要实现蜜源的初始化和更新操作;目标空间为决策变量空间在解空间的映射,以及在映射后实现解的可行化,主要实现蜜源的非支配排序和拥挤距离计算,完成解的选择和存档操作。图 3.2 所示为决策变量空间和目标空间关系,其中,目标空间阴影部分为可行解区域。

每个蜜源位置进行映射和可行化后,对应目标空间中的一个解,具体步骤如下。

步骤 1 MOCHDABC 算法采用实数编码,并采用特定解码规则,图 3.3 所示为解码规则。每个蜜源为 1 行 9 列向量,为了保证每个目标簇均能有平台匹配,令个体位置取值范围为 $[1,M+1)$。以 6 架无

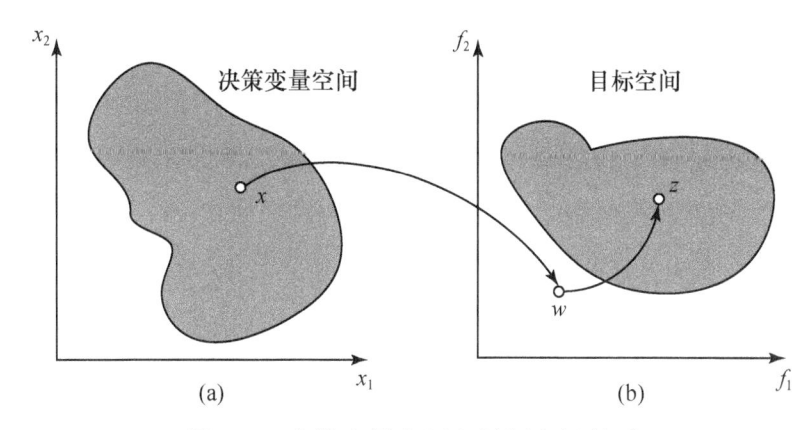

第3章 有人/无人机协同作战平台编成计划生成方法

图 3.2 决策变量空间和目标空间关系

人机、3 架有人机、5 个目标簇为例,前 6 列代表无人机,后 3 列代表有人机,对前 6 列和后 3 列分别取个体位置的整数部分和小数部分,其中,对小数部分按升序排序(区分有人机、无人机)后的排序号为对应的平台编号,整数部分为目标簇编号。

个体位置	3.3643	4.1820	3.8624	2.5222	5.8285	1.2967	2.0787	1.4238	2.4912
整数部分	3	4	3	2	5	1	2	1	2
小数部分	0.3643	0.1820	0.8624	0.5222	0.8285	0.2967	0.0787	0.4238	0.4912
排序	3	1	6	4	5	2	1	2	3
映射	无人机						有人机		
平台编号	1	2	3	4	5	6	1	2	3
目标簇编号	4	1	3	2	5	3	2	1	2

图 3.3 解码规则

解码后,X^{P-C} 映射为三维矩阵 $W^{P-C} = (w_{qms})_{Q \times M \times (I+J)}$。可以看到,得到的矩阵 W^{P-C} 并一定满足资源需求和指控需求,需要进行后续操作。

步骤 2 对 W^{P-C} 中第 1 个二维矩阵的第 1 行、第 1~J 列构成的行向量中所有非 0 元素,从左至右依次进行置 0 操作,每次置 0 后判断是否有

$$\mathrm{RS}_{\mathrm{bef}}^{n}=\mathrm{RS}_{\mathrm{aft}}^{n},1\leqslant n\leqslant N \qquad (3.18)$$

成立,若不成立,则将置 0 的元素重新置 1。其中,$\mathrm{RS}_{\mathrm{bef}}^{n}$ 和 $\mathrm{RS}_{\mathrm{aft}}^{n}$ 分别为各非 0 元素置 0 前后第 n 类资源的资源能力满足度。随后,对 $\boldsymbol{W}^{P\text{-}C}$ 中第 1 个二维矩阵的第 2~M 行、第 1~J 列构成的 $M-1$ 个行向量分别进行上述操作。

步骤 3 判断对于所有资源类的资源能力是否满足需求,若是,执行步骤 5;若否,对 $\boldsymbol{W}^{P\text{-}C}$ 中第 1 个二维矩阵的第 1 行、第 1~J 列构成的行向量中所有非 1 元素,从左至右依次进行置 1 操作,每次置 1 后判断是否有

$$\mathrm{RS}_{\mathrm{bef}}^{n'}=\mathrm{RS}_{\mathrm{aft}}^{n'},1\leqslant n'\leqslant N' \qquad (3.19)$$

成立,若成立,则将置 1 的元素重新置 0。其中,N' 为所有资源能力没有达到需求阈值的资源类个数,$\mathrm{RS}_{\mathrm{bef}}^{n'}$ 和 $\mathrm{RS}_{\mathrm{aft}}^{n'}$ 分别为各非 1 元素置 1 前后第 N' 类资源的能力满足度。当满足

$$\mathrm{RS}_{\mathrm{bef}}^{n'}\geqslant \eta_{1},1\leqslant n'\leqslant N' \qquad (3.20)$$

时,停止置 1 操作。随后,对 $\boldsymbol{W}^{P\text{-}C}$ 中第 1 个二维矩阵的第 2~M 行、第 1~J 列构成的 $M-1$ 个行向量分别进行上述操作。

步骤 4 对 $\boldsymbol{W}^{P\text{-}C}$ 中第 1 个二维矩阵再次执行步骤 2,并对 $\boldsymbol{W}^{P\text{-}C}$ 中第 2~Q 个二维矩阵执行步骤 2~步骤 4,这种顺序执行步骤 2~步骤 4 的操作称为"去冗余—补不足—去冗余"。

步骤 5 对矩阵 $\boldsymbol{W}^{P\text{-}C}$ 中各二维矩阵的第 1~M 行、第 $J+1$~$I+J$ 列构成的 M 个行向量进行同样的"去冗余—补不足—去冗余"操作,最后得到可行解矩阵 $\boldsymbol{Z}^{P\text{-}C}$。不同的是,这一轮操作判断标准是指控能力满足度前后变化情况。

步骤 6 令 $\boldsymbol{X}^{P\text{-}C}=\boldsymbol{Z}^{P\text{-}C}$,即可得到有人机—目标簇匹配关系矩阵 $\boldsymbol{X}^{M\text{-}C}$ 和无人机—目标簇匹配关系矩阵 $\boldsymbol{X}^{U\text{-}C}$。

3. 外部档案维护

MOCHDABC算法在每次迭代产生新解后进行档案的更新,更新规则为:将每次迭代产生的新解与原档案进行合并,得到$2Q$个解,对所有解进行非支配排序和拥挤距离计算,选取前Q个解构成新的外部档案。

3.4 具体案例分析

在CPU配置为Intel(R) Dual-Core 3.06GHz的Lenovo计算机上使用MATLAB 2019b仿真软件,对平台编成计划生成方法进行3组仿真实验。

3.4.1 实验案例设定

场景参数设置方面,令有人机数量$I=12$,无人机数量$J=40$,资源种类数量$N=8$,目标数量$K=32$,目标簇数量$M=5$,各目标簇内有人机指控能力最低冗余量$\eta_0=1.2$,各目标簇内各类资源能力最低冗余量$\eta_1=1.2$。

算法参数设置方面,令蜜源数量、雇佣蜂数量、观察蜂数量均为$Q=50$,cerGEN=20。

为验证GCWOICC算法和MOCHDABC算法的有效性和优越性,设置3组仿真实验:第1组仿真实验采用Monte-Carlo方法随机设置目标数量和位置,进行50次对比实验验证GCWOICC算法有效性和优越性;第2组仿真实验在第1组仿真实验基础上,选取GCWOICC算法生成典型解作为输入,得到MOCHDABC算法在不同迭代次数下的可行解分布和平台编成最终结果;第3组仿真实验验证MOCHDABC算法的优越性,将其与对比算法进行仿真对比。

表 3.1~表 3.4 所示分别为 GCWOICC 算法生成典型解下的目标资源需求、目标位置坐标、无人机资源能力和有人机指控能力信息。在表 3.1 中,各资源种类中,主要包括侦察资源、打击资源和评估资源,侦察资源为 r_1 和 r_2,打击资源为 r_3、r_4、r_5 和 r_6,评估资源为 r_7 和 r_8,其中,侦察资源和评估资源为非消耗性资源,打击资源为消耗性资源。

表 3.1 目标资源需求

目标	各类资源需求								目标	各类资源需求							
	r_1	r_2	r_3	r_4	r_5	r_6	r_7	r_8		r_1	r_2	r_3	r_4	r_5	r_6	r_7	r_8
G_1	0	1	1	0	1	1	2	2	G_{17}	4	1	0	0	0	1	3	1
G_2	1	2	2	1	2	1	1	1	G_{18}	1	1	2	2	0	1	3	0
G_3	3	0	1	1	1	2	1	1	G_{19}	2	1	2	2	1	1	1	1
G_4	1	2	2	2	2	0	1	2	G_{20}	1	2	0	1	0	2	1	3
G_5	2	0	0	0	0	2	4	1	G_{21}	4	1	2	2	0	1	2	1
G_6	1	2	2	1	2	0	1	1	G_{22}	1	1	0	0	1	1	1	1
G_7	2	1	0	2	0	0	1	1	G_{23}	1	1	1	1	0	0	2	1
G_8	0	1	0	1	0	2	1	3	G_{24}	3	1	2	2	2	0	3	1
G_9	1	1	2	0	2	1	2	0	G_{25}	1	1	0	0	1	0	1	1
G_{10}	1	0	1	2	0	1	1	1	G_{26}	3	1	0	2	1	0	0	4
G_{11}	1	1	1	0	1	1	1	0	G_{27}	3	1	0	0	2	1	3	1
G_{12}	1	1	0	0	0	2	2	1	G_{28}	1	3	2	0	2	2	0	1
G_{13}	2	1	0	2	1	2	1	2	G_{29}	4	1	0	0	1	0	4	1
G_{14}	1	1	0	1	1	2	4	1	G_{30}	1	2	1	1	2	0	1	2
G_{15}	1	2	0	2	1	0	1	2	G_{31}	1	1	1	2	1	1	0	1
G_{16}	2	1	0	1	2	0	3	3	G_{32}	1	3	1	2	2	1	1	1

第3章 有人/无人机协同作战平台编成计划生成方法

表 3.2 目标位置坐标

目标	位置	目标	位置	目标	位置	目标	位置
G_1	(36.54,26.45)	G_9	(93.86,13.52)	G_{17}	(56.89,75.46)	G_{25}	(77.98,34.63)
G_2	(85.34,20.46)	G_{10}	(25.82,15.50)	G_{18}	(31.52,18.62)	G_{26}	(44.84,13.75)
G_3	(89.34,34.30)	G_{11}	(32.61,30.79)	G_{19}	(61.67,9.19)	G_{27}	(20.35,78.14)
G_4	(22.18,72.44)	G_{12}	(12.73,52.36)	G_{20}	(8.06,35.54)	G_{28}	(90.32,28.41)
G_5	(62.41,65.72)	G_{13}	(32.82,11.23)	G_{21}	(5.38,75.07)	G_{29}	(28.05,50.19)
G_6	(54.86,70.79)	G_{14}	(30.77,89.72)	G_{22}	(28.13,18.43)	G_{30}	(20.06,37.45)
G_7	(20.56,96.85)	G_{15}	(75.46,93.55)	G_{23}	(74.71,88.97)	G_{31}	(90.97,8.17)
G_8	(79.57,78.99)	G_{16}	(46.92,45.15)	G_{24}	(25.73,46.34)	G_{32}	(45.63,76.80)

表 3.3 无人机资源能力

无人机	r_1	r_2	r_3	r_4	r_5	r_6	r_7	r_8	无人机	r_1	r_2	r_3	r_4	r_5	r_6	r_7	r_8
U_1	1	1	0	0	0	0	1	0	U_{21}	1	4	0	4	1	3	4	3
U_2	0	1	0	0	0	0	1	0	U_{22}	1	0	4	4	4	3	0	1
U_3	1	0	0	0	0	0	0	1	U_{23}	3	4	3	2	2	3	1	0
U_4	0	1	0	0	0	0	0	1	U_{24}	0	2	0	3	4	0	0	1
U_5	1	1	0	0	0	0	1	0	U_{25}	4	0	2	1	2	1	3	2
U_6	0	1	0	0	0	0	1	1	U_{26}	4	4	3	0	1	1	4	4
U_7	0	1	0	0	0	0	0	1	U_{27}	2	3	2	1	0	3	4	3
U_8	0	1	0	0	0	0	1	0	U_{28}	2	4	4	1	0	2	1	1
U_9	1	1	0	0	0	0	1	0	U_{29}	4	3	0	1	3	0	0	2
U_{10}	0	0	4	1	3	2	0	0	U_{30}	4	2	1	0	3	0	0	0
U_{11}	0	0	2	2	0	0	0	0	U_{31}	0	0	2	2	3	0	0	2
U_{12}	0	0	3	4	1	0	0	0	U_{32}	3	3	4	4	2	4	1	0
U_{13}	0	0	0	4	4	3	0	0	U_{33}	0	0	3	4	3	1	0	1

续表

无人机	各类资源能力								无人机	各类资源能力							
	r_1	r_2	r_3	r_4	r_5	r_6	r_7	r_8		r_1	r_2	r_3	r_4	r_5	r_6	r_7	r_8
U_{14}	0	0	4	3	0	1	0	0	U_{34}	0	2	3	1	3	4	4	1
U_{15}	0	0	2	4	4	4	0	0	U_{35}	3	0	1	0	1	3	3	4
U_{16}	0	0	0	1	2	2	0	0	U_{36}	1	3	2	3	4	3	2	0
U_{17}	0	0	0	1	0	0	0	0	U_{37}	2	1	2	0	3	0	2	4
U_{18}	0	0	4	0	3	3	0	0	U_{38}	1	1	2	3	4	2	3	4
U_{19}	0	0	0	2	3	1	0	0	U_{39}	2	4	1	3	4	3	0	3
U_{20}	0	0	4	1	0	0	0	0	U_{40}	2	0	4	1	2	2	0	4

表 3.4 有人机指控能力

有人机	指控能力	有人机	指控能力	有人机	指控能力
M_1	5	M_5	4	M_9	6
M_2	4	M_6	5	M_{10}	4
M_3	6	M_7	5	M_{11}	4
M_4	6	M_8	5	M_{12}	3

3.4.2 实验结果分析

仿真实验 1 选取对比算法为随机选取初始任务簇中心的贪心聚类(Greedy Clustering with Random Initial Cluster Centers, GC-WRICC)算法和平衡 K-平均(Balanced k-means, BKM)算法,与 GC-WOICC 算法进行随机仿真仿真对比。

设定目标数量为区间[30,35]的随机整数,目标位置在仿真区域内随机分布,随机进行 50 组实验,图 3.4 所示为各算法聚类测度值对比。图中横纵坐标值均为相对转换值,无单位。

从图 3.4 可以看出,在 50 次随机实验中,GCWOICC 算法有 35 次

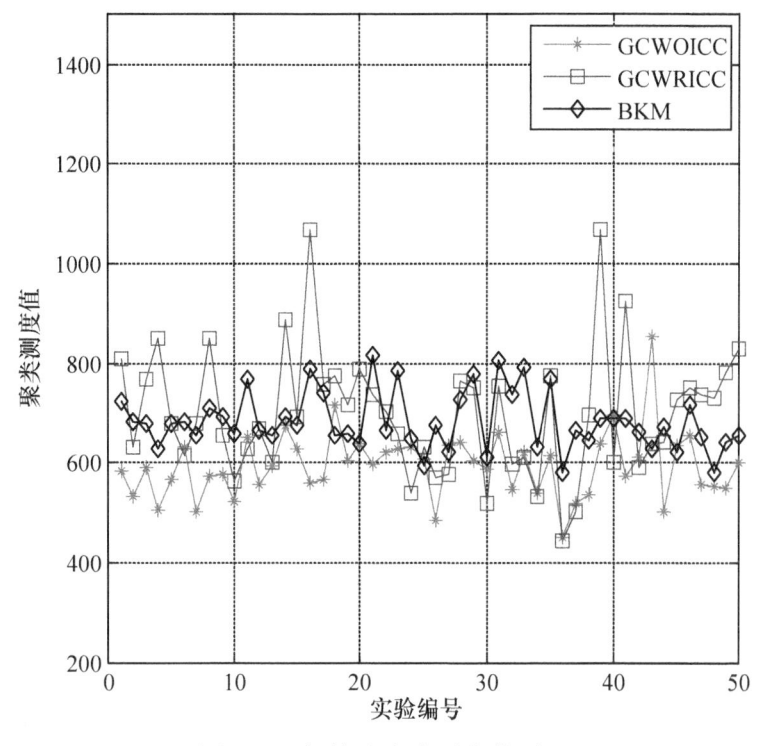

图 3.4 各算法聚类测度值对比

聚类效果最好,GCWRICC 算法有 11 次聚类效果最好,BKM 算法有 4 次聚类效果最好。取 50 次实验中目标位置坐标信息,即表 3.2 中目标位置坐标信息作为输入信息,并采用 GCWOICC 算法进行目标聚类,图 3.5 所示为目标聚类结果。

仿真实验 2 为验证 MOCHDABC 算法的有效性,将 MOCHDABC 算法迭代运行 90 代,每隔 30 代记录非劣可行解,根据各代非劣可行解情况判定 MOCHDABC 算法的进化性能。图 3.6 所示为 MOCHD-ABC 算法分别在 30、60、90 代时的非劣可行解分布情况。

从图 3.6 可以看出,随着迭代次数的增加,非劣解集进行不断更新,解的质量不断提高。将迭代次数设置为 200 次,选取生成典型解,表 3.5 所示为所对应的平台匹配方案。

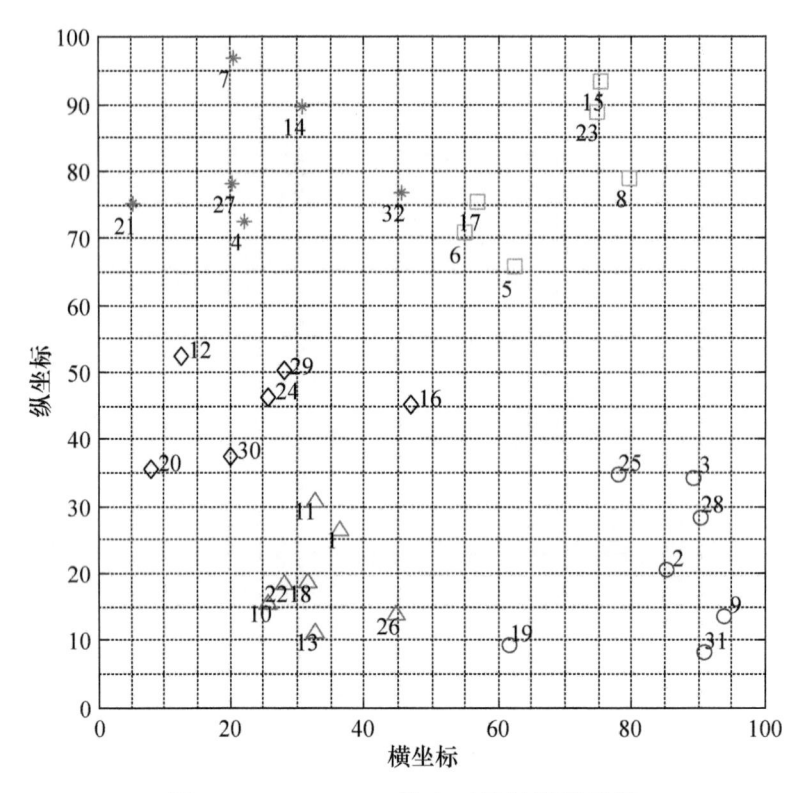

图 3.5 GCWOICC 算法下目标聚类结果

表 3.5 迭代 200 次时典型解对应的平台编成计划 M_1

目标簇	目标	有人机	无人机
C_1	G_2、G_3、G_9、G_{19}、G_{25}、G_{28}、G_{31}	M_3	U_{19}、U_{20}、U_{32}、U_{34}、U_{39}
C_2	G_4、G_7、G_{14}、G_{21}、G_{27}、G_{32}	M_1、M_6、M_{12}	U_4、U_6、U_9、U_{13}、U_{14}、U_{22}、U_{31}、U_{35}、U_{37}
C_3	G_{12}、G_{16}、G_{20}、G_{24}、G_{29}、G_{30}	M_2、M_5	U_8、U_{10}、U_{11}、U_{24}、U_{26}、U_{36}
C_4	G_5、G_6、G_8、G_{15}、G_{17}、G_{23}	M_{10}、M_{11}	U_{17}、U_{18}、U_{23}、U_{28}、U_{29}、U_{38}
C_5	G_1、G_{10}、G_{11}、G_{13}、G_{18}、G_{22}、G_{26}	M_4	U_3、U_{15}、U_{27}、U_{33}、U_{40}

仿真实验 3 为验证 MOCHDABC 算法的优越性,将 MOCHDABC 算法与 NSGA-Ⅱ算法进行对比。

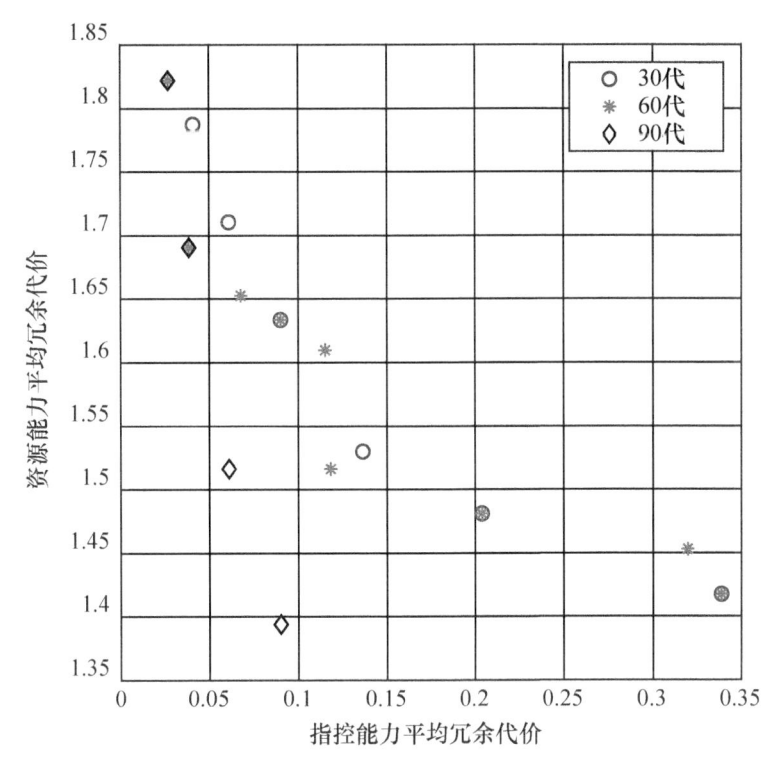

图 3.6 GCWOICC算法下各迭代次数非劣可行解分布

图 3.7~图 3.9 所示为 MOCHDABC 算法与 NSGA-Ⅱ算法在多目标优化算法常用指标下的对比情况,主要包括覆盖性指标、均匀性指标和宽广性指标[25],其中,覆盖性指标和宽广性指标越大越好,均匀性指标越小越好。

从图 3.7~图 3.9 可以看出,MOCHDABC 算法在覆盖性指标和宽广性指标上优于 NSGA-Ⅱ算法,在均匀性指标上劣于 NSGA-Ⅱ算法。覆盖性指标主要衡量解质量,均匀性指标和宽广性指标主要衡量解的分布情况。因此,在求解质量上,MOCHDABC 算法优于 NSGA-Ⅱ算法,在解的分布上,MOCHDABC 算法和 NSGA-Ⅱ算法各有优劣。

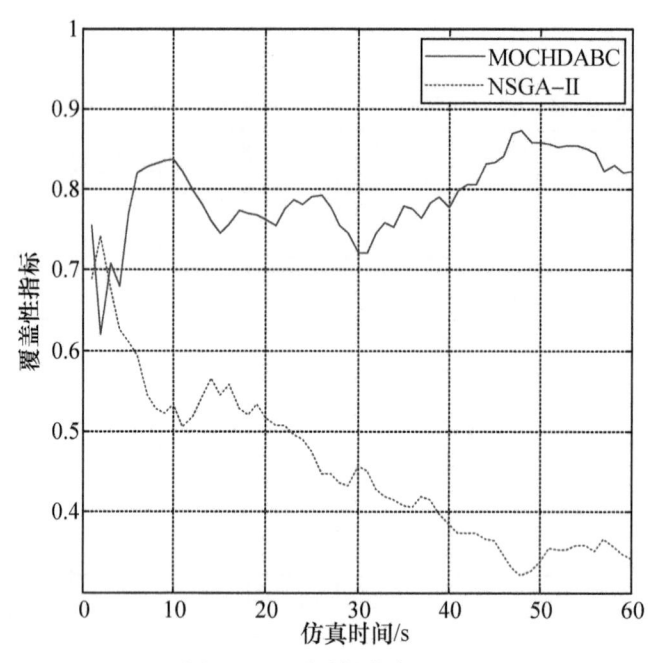

图 3.7 覆盖性指标对比

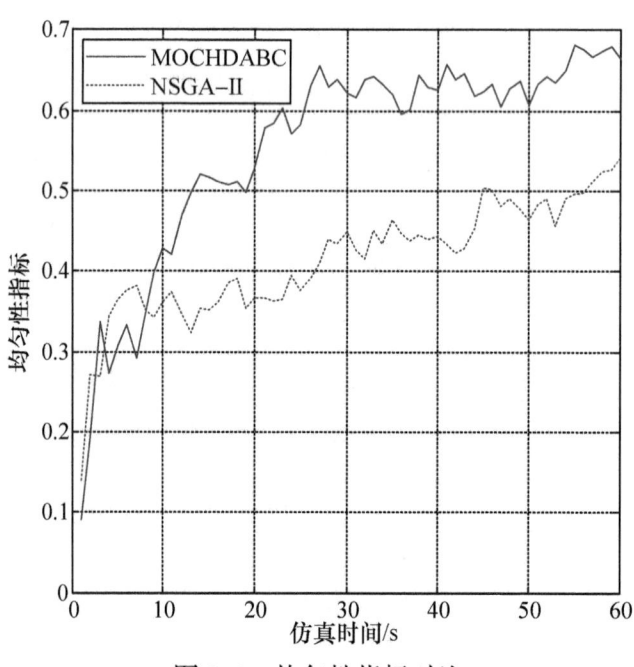

图 3.8 均匀性指标对比

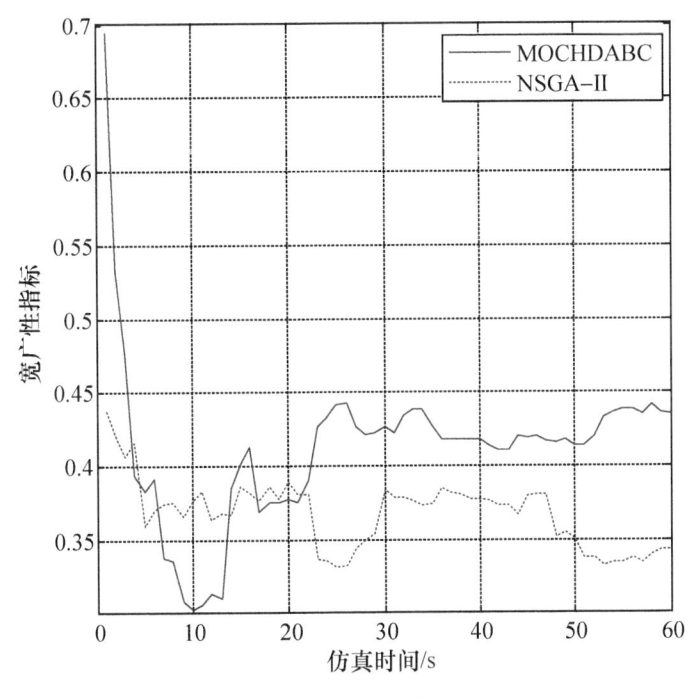

图 3.9 宽广性指标对比

第4章　有人/无人机协同作战任务执行计划生成方法

从本质上讲,平台编成计划生成和任务执行计划生成是相互耦合的前后问题,平台编成计划决定了协同作战中的平台配置方案,任务执行计划决定了相应平台配置方案下的平台—任务执行关系。任务执行计划是面向不同目标簇内不同目标的执行需求,在有人机的统一指挥控制下,确定由哪些无人机对哪些目标分解的哪些任务进行执行。

4.1　任务执行计划生成分析

4.1.1　相关研究情况

对于任务执行计划生成问题,其属于任务执行顺序确定和任务分派混合问题,针对这一问题,研究人员取得了一系列研究成果。Han等人[26]针对人在回路决策支持系统中任务计划模块设计问题,建立了以最大化任务完成质量为优化目标的规划模型,运用加权长度(Weighted Length,WL)算法确定任务执行顺序,采用Rollout策略进行方案合并,并在产生可行解后基于成对交换方法(Pairwise Exchange,PWE)促进解的改进,但WL算法确定的任务执行顺序并不一定最优。Shetty 等人[27]将多无人机攻击固定目标的协同分派和路径规划问题抽象成 MILP 模型,并采用一种启发式算法进行了集中式求解,取得了较好的效果,但算法实时性相对较差。还有研究基于市场机制,采用基于信息交互的任务竞拍和决策协商方法对多任务进行合理分派[28-30],算法实时性相对于集中式算法较好,但是随着任务规模和无人机数量的增多,信息交互量的增大对平台通信的要求较高。Manathara 等人[31]以最小化打击时间和最小化打击平台数量为优化目标,提出一种对固定目标执行搜索打击任务的执行计划多项式时间生成策略,相比于粒子群算法,该策略更为实时有效。Sujit 等人[32]考虑无人机的通信范围受限和目标运动情况,设计了基于生存时间的信息删除机制,避免了广播带来的网络拥塞,并基于追踪—摧毁的目标打击方法,采用逐一资源分发策略,但没有考虑当前任务执行中资源分发策略对后续任务执行的影响。总的来说,在任务执行计划生成问题中,仍然存在以下问题:①采用 WL 方法确定任务执行顺序本质上减小了解空间,造成求解质量下降;②未区分无人机资源类型,即无人机挂载资源包括消耗性和非消耗性两类;③未考虑无人机的消耗性资源分发策略,即由哪些无人机分发哪些资源。

4.1.2 建模基础分析

对 C_m 而言,簇内有人机数量为 $I_m = \sum_{i=1}^{I} x_{im}^{M-C}$,无人机数量为 $J_m = \sum_{j=1}^{J} x_{jm}^{U-C}$,目标数量为 $K_m = \sum_{k=1}^{K} x_{km}^{G-C}$,任务数量为 $L_m = \sum_{l=1}^{L} x_{lm}^{T-C} = 3K$。在矩阵 $\boldsymbol{X}^{U-T}$ 和 $\boldsymbol{Y}^{U-T-T}$ 设计过程中,各目标簇通过设计与自身相关部分决策变量,从而共同完成 $\boldsymbol{X}^{U-T}$ 和 $\boldsymbol{Y}^{U-T-T}$ 的设计。

4.2 任务执行计划建模

对有人/无人机协同作战任务执行计划生成问题进行建模,主要包括目标函数选取、约束条件分析以及模型数学描述等。为研究方便,需对有人机、无人机、目标、任务编号进行处理。以有人机为例,C_m 中编号为 i 的有人机,在所有有人机构成集合中的编号为 $\Omega(i)$,其中,$\Omega(\cdot)$ 为从 C_m 内属性编号映射到 S_C 全局属性编号的映射函数,对无人机、目标、任务编号均采用相同处理方式。

4.2.1 目标函数选取

以 C_m 为例,任务执行计划生成问题主要考虑在满足任务资源需求前提下,不同无人机协同执行不同任务,使得所有任务完成总时间最短。因此,任务执行计划生成问题的优化目标为最小化任务完成总时间,即有

$$min\text{FC}_m = \min\max(fc_1, fc_2, \cdots, fc_{L_m}) \tag{4.1}$$

式中:fc_l 为 C_m 内第 l 个任务,即任务集合中第 $\Omega(l)$ 个任务的完成时间。

4.2.2 约束条件分析

(1) 对于无人机 U_j 和任务 T_l,若 $x_{jl}^{U-T} = 1$,则包含两种情况:一是 U_j 处理完任务 $T_{l'}(l' \neq 0)$ 后被分派处理 T_l,则有 $y_{jl'l}^{U-T-T} = 1$,T_0 为虚拟起始任务;二是 U_j 首次执行任务,没有前导需执行任务,则有 $y_{j0l}^{U-T-T} = 1$。因此,必有

$$\sum_{l'=1}^{L_m} \sum_{l=1}^{L_m} y_{jl'l}^{U-T-T} - x_{jl}^{U-T} = 0, \quad 1 \leq j \leq J_m \tag{4.2}$$

第4章　有人/无人机协同作战任务执行计划生成方法

(2) 当无人机 U_j 需要执行多个任务时,其每次只能执行 1 个任务,即若处理任务 $T_{l'}(l'\neq 0)$ 后,U_j 只能执行 1 个任务 T_l,则必有

$$\sum_{l'=1}^{L_m}\sum_{l=1}^{L_m} y_{jl'l}^{U\text{-}T\text{-}T} \leqslant 1, \quad 1 \leqslant j \leqslant J_m \tag{4.3}$$

(3) 对于待执行的任务 T_l,执行该任务所有无人机的各类资源能力需满足任务执行需求,即

$$\sum_{j=1}^{J_m} x_{jl}^{U\text{-}T} r_{jn}^{U} \geqslant r_{ln}^{T}, \quad 1 \leqslant n \leqslant N \tag{4.4}$$

(4) 对于无人机 U_j,若有 $y_{jl'l}^{U\text{-}T\text{-}T}=1$,由于执行 T_l 需要执行该任务的所有无人机均到达任务区域,先到达任务区域的无人机需等待其他无人机的到达。因此,任务 T_l 的开始时间 sc_l^T 应满足

$$sc_l^T \geqslant sc_{l'}^T + fc_{l'}^T + y_{jl'l}^{U\text{-}T\text{-}T} d(T_l, T_{l'})/\bar{v}_j, \quad \begin{cases} 1 \leqslant l, l' \leqslant L_m \\ 1 \leqslant j \leqslant J_m \end{cases} \tag{4.5}$$

式中:$d(T_l, T_{l'}) = \sqrt{(sa_l^T - ea_{l'}^T)^2 + (sb_l^T - eb_{l'}^T)^2}$ 为任务集中第 $\Omega(l')$ 个任务执行结束点和第 $\Omega(l)$ 个任务执行开始点的距离。

若有 $y_{jl'l}^{U\text{-}T\text{-}T}=0$,取 Θ 为所有任务完成时间的上界(通常取较大常量),则必有

$$sc_l^T \geqslant sc_{l'}^T + fc_{l'}^T - \Theta, \quad 1 \leqslant l, l' \leqslant L_m \tag{4.6}$$

综合式(4.5)和式(4.6),可得

$$sc_l^T \geqslant sc_{l'}^T + fc_{l'}^T + y_{jl'l}^{U\text{-}T\text{-}T} d(T_l, T_{l'})/\bar{v}_j + \\ \Theta(y_{jl'l}^{U\text{-}T\text{-}T} - 1), \quad \begin{cases} 1 \leqslant l, l' \leqslant L_m \\ 1 \leqslant j \leqslant J_m \end{cases} \tag{4.7}$$

(5) 对于同一作战目标的侦察、打击和评估任务,其存在一定时序关系,即任务执行顺序为侦察任务→打击任务→评估任务,即有

$$sc_l^T > fc_{l-1}^T, sc_{l-1}^T > fc_{l-2}^T, \quad \begin{cases} 1 \leqslant l \leqslant L_m \\ \mathrm{mod}(l,3) = 0 \end{cases} \tag{4.8}$$

基于以上分析,建立有人/无人机协同作战任务执行计划规划模型为

$\min FC_m$

s.t. $\begin{cases} \sum\limits_{l'=1}^{L_m} \sum\limits_{l=1}^{L_m} y_{jl'l}^{U-T-T} - x_{jl}^{U-T} = 0, & 1 \leqslant j \leqslant J_m \\[6pt] \sum\limits_{l'=1}^{L_m} \sum\limits_{l=1}^{L_m} y_{jl'l}^{U-T-T} \leqslant 1, & 1 \leqslant j \leqslant J_m \\[6pt] \sum\limits_{j=1}^{J_m} x_{jl}^{U-T} r_{jn}^{U} \geqslant r_{ln}^{T}, & 1 \leqslant n \leqslant N \\[6pt] sc_l^T \geqslant sc_{l'}^T + fc_{l'}^T + y_{jl'l}^{U-T-T} d(T_l, T_{l'})/\bar{v}_j + \Theta(y_{jl'l}^{U-T-T} - 1), & \begin{cases} 1 \leqslant l, l' \leqslant L_m \\ 1 \leqslant j \leqslant J_m \end{cases} \\[6pt] sc_l^T > fc_{l-1}^T, sc_{l-1}^T > fc_{l-2}^T, & \begin{cases} 1 \leqslant l \leqslant L_m \\ f\!\!\mod(l,3) = 0 \end{cases} \\[6pt] x_{jl}^{U-T} \in \{0,1\}, & \begin{cases} 1 \leqslant j \leqslant J_m \\ 1 \leqslant l \leqslant L_m \end{cases} \\[6pt] y_{jl'l}^{U-T-T} \in \{0,1\}, & \begin{cases} 1 \leqslant j \leqslant J_m \\ 1 \leqslant l, l' \leqslant L_m \end{cases} \end{cases}$

(4.9)

4.3 模型求解算法

式(4.9)所表征的任务执行计划模型为组合优化问题,可采用智能优化算法进行求解。粒子群算法是一种被广泛应用的智能优化算法,为便于求解任务执行计划等离散决策变量问题,其可以离散化为离散粒子群算法。为求解式(4.9),提出约束处理改进离散粒子群(Constraints Handling Improved Discrete Particle Swarm Optimization,

CHIDPSO)算法进行求解,下面给出 CHIDPSO 算法关键环节。

4.3.1 粒子编码和解码

CHIDPSO 算法采用实数编码方式,每个粒子特征由位置矩阵 $\boldsymbol{O}=(o_{jl})_{J_m \times L_m}$ 和速度矩阵 $\boldsymbol{V}=(v_{jl})_{J_m \times L_m}$ 表示。$\boldsymbol{O}$ 中所有元素 o_{jl} 取值范围为 $[o^{min}, o^{max})$,其中,$o^{min}=0, o^{max}=2$;$\boldsymbol{V}$ 中所有元素 v_{jl} 取值范围为 $[v^{min}, v^{max}]$,其中,$v^{min}=-1, v^{max}=1$。对粒子解码后,可得到无人机—任务执行关系矩阵 $\boldsymbol{X}^{U-T}=(x_{jl}^{U-T})_{J_m \times L_m}$ 和任务—任务执行转移关系矩阵 $\boldsymbol{Y}^{U-T-T}$,解码步骤如下。

步骤 1 对矩阵 $\boldsymbol{O}$ 的 $1 \sim L_m$ 列,对于 $\forall o_{jl} \geq 1$,则令 $x_{jl}^{U-T}=1$;若 $\exists j \in [1, L_m]$, $\forall o_{jl}<1$,则令该列中最大元素所在位置对应的 $x_{jl}^{U-T}=1$。通过步骤1,得到 $\boldsymbol{X}^{U-T}$。

步骤 2 对矩阵 $\boldsymbol{O}$ 的 $1 \sim L_m$ 列,取每列最大元素构成 1 行、L_m 列的行向量 $\boldsymbol{\omega}$,将 $\boldsymbol{\omega}$ 中所有元素降序排序后形成新的行向量 $\boldsymbol{\omega}'$,记 $\boldsymbol{\omega}'$ 中各元素在 $\boldsymbol{\omega}$ 中列值为任务执行序列 $\boldsymbol{\xi}$ 对应位置的任务序值。例如,若 $\boldsymbol{\omega}=[1.7822, 1.6689, 1.8211, 1.6879]$,则 $\boldsymbol{\omega}'=[1.8211, 1.7822, 1.6879, 1.6689]$,对于 $\boldsymbol{\omega}'$ 中 1.6879 这个元素,其在 $\boldsymbol{\omega}$ 中为第 4 列元素,因此,$\boldsymbol{\xi}$ 中的第 3 个元素为 4,从而得到 $\boldsymbol{\xi}=[3,1,4,2]$。

步骤 3 经过步骤 1 和步骤 2 得到的任务执行序列 $\boldsymbol{\xi}$,可能会违反式(4.9)中的第 5 个约束,即侦察、打击、评估任务序列,对 $\boldsymbol{\xi}$ 中违反约束的元素进行强制位置调换得到 $\boldsymbol{\xi}'$,从而满足约束。例如,若 $\boldsymbol{\xi}=[3,4,1,5,2,6]$,任务 1、2、3 分别为对目标 1 的侦察、打击、评估任务,任务 4、5、6 分别为对目标 2 的侦察、打击、评估任务,则 $\boldsymbol{\xi}'=[1,4,2,5,3,6]$。

步骤 4 在 $\boldsymbol{X}^{U-T}$ 和 $\boldsymbol{\xi}'$ 基础上容易得到 $\boldsymbol{Y}^{U-T-T}$。粒子采用上述解码规则得到 $\boldsymbol{X}^{U-T}$ 和 $\boldsymbol{Y}^{U-T-T}$ 后,其并不一定满足任务资源需求约束,需要

进行后续的约束处理操作,具体步骤如下。

步骤 1 对矩阵 X^{U-T} 中的第 $1\sim J$ 行、第 1 列构成的列向量中所有非 0 元素,从上至下依次进行置 0 操作,每次置 0 后判断是否有

$$\text{RS}_{\text{bef}}^{n} = \text{RS}_{\text{aft}}^{n}, \quad 1 \leqslant n \leqslant N \tag{4.10}$$

成立,若不成立,则将置 0 的元素重新置 1。其中,$\text{RS}_{\text{bef}}^{n}$ 和 $\text{RS}_{\text{aft}}^{n}$ 分别为各非 0 元素置 0 前后第 n 类资源的资源能力满足度。随后,对 X^{U-T} 中的第 $1\sim J$ 行、第 $2\sim L$ 列构成的 $L-1$ 个列向量分别进行上述操作。

步骤 2 判断对于所有资源类的资源能力是否满足需求,若是,执行步骤 4;若否,对 X^{U-T} 中的第 $1\sim J$ 行、第 1 列中的所有非 1 元素,判断其对应位置无人机是否具有对应位置任务未达到需求的资源,若是,则依次置 1,并判断是否有

$$\text{RS}_{\text{bef}}^{n'} = \text{RS}_{\text{aft}}^{n'}, \quad 1 \leqslant n' \leqslant N' \tag{4.11}$$

成立,若成立,则将置 1 的元素重新置 0。其中,N' 为所有资源能力没有达到需求的资源类个数,$\text{RS}_{\text{bef}}^{n'}$ 和 $\text{RS}_{\text{aft}}^{n'}$ 分别为各非 1 元素置 1 前后第 n' 类资源的能力满足度。当满足

$$\text{RS}_{\text{aft}}^{n'} \geqslant 1, \quad 1 \leqslant n' \leqslant N' \tag{4.12}$$

时,停止置 1 操作。随后,对 X^{U-T} 中的第 $1\sim J$ 行、第 $2\sim L$ 列构成的 $L-1$ 个列向量分别进行上述操作。

步骤 3 对 X^{U-T} 再次进行步骤 1 操作。

步骤 4 通过上述操作,得到满足各类资源需求的无人机—任务执行关系矩阵 X^{U-T},并结合 ξ' 得到满足资源需求的任务—任务执行转移关系矩阵 Y^{U-T-T}。

采取上述解码规则,可得到满足约束的 X^{U-T} 和 Y^{U-T-T},并可计算式(4.9)的目标函数值。

在每次进化过程中,粒子通过粒子自身、个体极值和群体极值之

间运算分别进行位置和速度的更新

$$\begin{cases} v_{jl}^{\text{gen}+1} = \gamma v_{jl}^{\text{gen}} + B_1 \times \text{rand}_1 \times (gb_{jl}^{\text{gen}} - v_{jl}^{\text{gen}}) + B_2 \times \text{rand}_2 \times (zb^{\text{gen}} - v_{jl}^{\text{gen}}) \\ o_{jl}^{\text{gen}+1} = o_{jl}^{\text{gen}} + v_{jl}^{\text{gen}+1} \end{cases}$$

(4.13)

式中:o_{jl}^{gen} 和 v_{jl}^{gen} 为第 gen 次迭代时的粒子位置和速度;$o_{jl}^{\text{gen}+1}$ 和 $v_{jl}^{\text{gen}+1}$ 为第 gen+1 次迭代时的粒子位置和速度;γ 为惯性权重;B_1 和 B_2 为非负常数,称为学习因子;rand_1 和 rand_2 为取值(0,1)的随机数;gb_{jl}^{gen} 为 o_{jl} 截止迭代次数为 gen 时的个体极值;zb^{gen} 为截止迭代次数为 gen 时的群体极值。

为避免盲目搜索,将更新后的粒子位置和速度分别限制在[$o^{\min}$,$o^{\max}$)、[$v^{\min}$,$v^{\max}$]区间内。

4.3.2 避免局部最优机制

对于智能优化算法而言,偏重探索(Exploration)还是开发(Exploitation)能力取决于求解问题的解空间结构。式(4.9)表征的规划模型是一个典型的离散优化问题,解空间是不连续的,因此,有必要适当加强算法探索能力以搜索更优解。借鉴人工蜂群算法中避免局部最优的侦察蜂机制,在 CHIDPSO 算法迭代过程中引入避免局部最优机制:若种群中某个体在经过 cerGen 次迭代后解的质量没有提高,则随机生成一个新的个体。

4.3.3 资源分发策略

无人机搭载资源主要包括非消耗性资源(侦察、评估类)和消耗性资源(攻击类),对于消耗类资源,如何确定其分发策略,即合理确定各无人机的资源分发数量是一个关键问题。以一个典型案例为例,若任务 T_l 的资源需求向量为[3,3],执行该任务 3 架无人机所挂载的消耗性资源分别为[4,0]、[0,5]和[4,3],若按照逐个无人机依次分发的资源分发策略,则完成 T_l 后的 3 架无人机资源分别为[1,0]、[0,2]和[4,3];若执行下一任务 $T_{l'}$ 时,仅前两架无人机处于空闲状态,且 $T_{l'}$ 的资源需求向量为[2,2]。此时,由于前两架无人机资源不足,必须等待其他无人机执行完相应任务后再进行 $T_{l'}$ 的执行。因此,在无人机任务执行过程中,主要采用资源平衡分发策略,具体步骤如下。

步骤 1 若任务为 T_l,资源需求向量为 $\boldsymbol{R}_l^T = [r_{l1}^T, r_{l2}^T, \cdots, r_{lN}^T]$,则执行 T_l 的所有无人机资源能力向量之和为 $\boldsymbol{R}_l^U = [r_{l1}^U, r_{l2}^U, \cdots, r_{lN}^U]$,其中,$r_{ln}^U = \sum_{j=1}^{J_m} x_{jl}^{U-T} r_{jn}^U$,计算所有第 n 类消耗性资源非 0 无人机的平均资源剩余量为

$$r_{ln}^{U'} = (r_{ln}^U - r_{ln}^T)/J_1 \tag{4.14}$$

式中:J_1 为第 n 类消耗性资源非 0 的无人机数量。

步骤 2 对第 n 类消耗性资源非 0 的无人机,判断是否有 $r_{jn}^U \geqslant r_{ln}^{U'}$ 成立,若成立,则将其计入第 n 类资源的资源分发无人机集合。记第 n 类资源的分发无人机集合中的无人机数量为 J_2,则有 $J_2 \leqslant J_1 \leqslant \sum_{j=1}^{J_m} x_{jl}^{U-T}$ 成立。

步骤 3 为了保证所有需分发资源的无人机进行资源分发后剩余资源分布的均衡性,假设各需分发资源无人机的剩余资源为 $\lfloor (r_{ln}^{U''} - r_{ln}^T)/J_2 \rfloor$ 和 $\lfloor (r_{ln}^{U''} - r_{ln}^T)/J_2 \rfloor + 1$。其中,$r_{ln}^{U''}$ 为第 n 类资源分发无人机集合的第 n 类资源之和,记对应的分发无人机数量分别为 J_{21} 和 J_{22},则必有

第 4 章 有人/无人机协同作战任务执行计划生成方法

$$J_{21} \cdot \lfloor (r_{ln}^{U''}-r_{ln}^{T})/J_2 \rfloor + J_{22} \cdot (\lfloor (r_{ln}^{U''}-r_{ln}^{T})/J_2 \rfloor +1) = r_{ln}^{U''}-r_{ln}^{T}$$
(4.15)

$$J_{21} + J_{22} = J_2 \quad (4.16)$$

根据式(4.15)和式(4.16)可得,$J_{21}=J_2 \cdot (\lfloor (r_{ln}^{U''}-r_{ln}^{T})/J_2 \rfloor +1)+r_{ln}^{T}-r_{ln}^{U''}$,$J_{22}=r_{ln}^{U''}-r_{ln}^{T}-J_2 \cdot \lfloor (r_{ln}^{U''}-r_{ln}^{T})/J_2 \rfloor$。

步骤 4 按照步骤1~步骤3确定的需分发资源数量及其对应无人机数量进行资源分发,直至对所有 N 种资源完成资源分发。

CHIDPSO 算法流程主要包括以下步骤。

步骤 1 进行粒子群初始化,主要设置种群规模 popSize、粒子位置矩阵 O、位置矩阵元素值上下限 o^{min} 和 o^{max}、粒子速度矩阵 V、速度矩阵元素值上下限 v^{min} 和 v^{max}、最大迭代次数 maxGen。

步骤 2 进行粒子解码和目标函数值(适应度值)计算,并寻找当前迭代次数下的个体极值和群体极值。

步骤 3 进行粒子位置和速度更新,并计算更新后的目标函数值,进行个体极值和群体极值的更新。

步骤 4 对迭代次数达到 cerGen 且解质量未提高的个体进行随机重新生成。

步骤 5 判断当前迭代次数是否达到 maxGen,若是,则结束算法,输出结果;若否,返回步骤3。

4.4 具体案例分析

在 CPU 配置为 Intel(R) Dual-Core 3.06GHz 的 Lenovo 计算机上使用 MATLAB 2019b 仿真软件,对任务执行计划生成方法进行三组仿真实验。

4.4.1 实验案例设定

场景参数设置方面,主要以平台编成计划中 C_2 内的作战任务为例。表3.5表明,C_2 中包含目标为 G_4、G_7、G_{14}、G_{21}、G_{27}、G_{32},匹配有人机为 M_1、M_6 和 M_{12},匹配无人机为 U_4、U_6、U_9、U_{13}、U_{14}、U_{22}、U_{31}、U_{35}、U_{37}。

算法参数设置方面,令惯性权重 $\gamma=1$,学习因子 $B_1-B_2=1.49445$,种群规模 popSize=50,最大迭代次数 maxGen=100,cerGen=20。

为验证 CHIDPSO 算法的有效性和优越性,设置仿真实验如下:第1组仿真实验验证 CHIDPSO 算法的有效性,即在特定场景下生成典型解;第2组仿真实验验证资源平衡分发策略的优越性,将资源平衡分发策略与对比资源分发策略进行仿真对比;第3组仿真实验验证 CHIDPSO 算法的优越性,将 CHIDPSO 算法与对比算法进行仿真对比。表4.1和表4.2所示分别为 C_2 中任务属性信息和无人机属性信息。

表 4.1 任务属性信息

任务	\multicolumn{8}{c|}{资源需求向量}	处理时间	位置坐标
	r_1	r_2	r_3	r_4	r_5	r_6	r_7	r_8		
T_{10}	1	2	0	0	0	0	0	0	7	(22.18,72.44)
T_{11}	0	0	2	2	2	0	0	0	11	(22.18,72.44)
T_{12}	0	0	0	0	0	0	1	2	12	(22.18,72.44)
T_{19}	2	1	0	0	0	0	0	0	14	(20.56,96.85)
T_{20}	0	0	0	2	0	0	0	0	8	(20.56,96.85)
T_{21}	0	0	0	0	0	0	2	1	12	(20.56,96.85)
T_{40}	1	1	0	0	0	0	0	0	13	(30.77,89.72)
T_{41}	0	0	0	1	2	2	0	0	9	(30.77,89.72)
T_{42}	0	0	0	0	0	0	4	1	13	(30.77,89.72)
T_{61}	4	1	0	0	0	0	0	0	7	(5.38,75.07)

续表

任务	资源需求向量								处理时间	位置坐标
	r_1	r_2	r_3	r_4	r_5	r_6	r_7	r_8		
T_{62}	0	0	2	2	0	1	0	0	9	(5.38,75.07)
T_{63}	0	0	0	0	0	0	2	1	12	(5.38,75.07)
T_{79}	3	1	0	0	0	0	0	0	11	(20.35,78.14)
T_{80}	0	0	0	0	2	1	0	0	10	(20.35,78.14)
T_{81}	0	0	0	0	0	3	1	0	13	(20.35,78.14)
T_{94}	1	3	0	0	0	0	0	0	8	(45.63,76.80)
T_{95}	0	0	1	2	2	1	0	0	14	(45.63,76.80)
T_{96}	0	0	0	0	0	0	1	1	7	(45.63,76.80)

表 4.2 无人机属性信息

无人机	资源能力向量								平均航速	初始位置坐标
	r_1	r_2	r_3	r_4	r_5	r_6	r_7	r_8		
U_4	0	1	0	0	0	0	0	1	2.5	(0,90)
U_6	0	1	0	0	0	0	1	1	1.5	(0,90)
U_9	1	1	0	0	0	0	1	0	3.5	(0,90)
U_{13}	0	0	0	4	4	3	0	0	3.5	(10,65)
U_{14}	0	0	4	3	0	1	0	0	3.5	(10,65)
U_{22}	1	0	4	4	4	3	0	1	3.5	(10,65)
U_{31}	0	0	2	2	3	0	0	2	1.5	(15,60)
U_{35}	3	0	1	0	1	3	3	4	2.5	(15,60)
U_{37}	2	1	2	0	3	0	2	4	1.5	(15,60)

4.4.2 实验结果分析

仿真实验 1 为验证验证 CHIDPSO 算法的有效性,在表 4.1 和表 4.2 的输入信息下,采用 CHIDPSO 算法运行 100 次。图 4.1 所示为无人机执行 C_2 内任务执行计划甘特图,在此任务执行计划下,FC_2=93.0779。

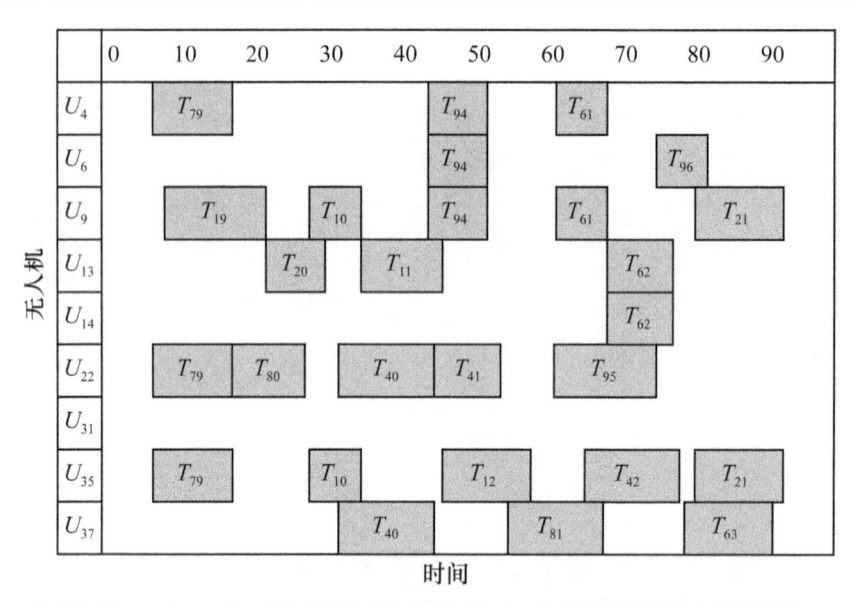

图 4.1　CHIDPSO 算法下无人机执行 C_2 内作战任务计划甘特图

仿真实验 2　为验证资源平衡分发策略的优越性,将其与资源随机分发策略、资源逐个分发策略(按无人机编号进行资源分发直至满足任务资源需求)。任务执行计划生成算法均采用 CHIDPSO 算法,进行 8 组随机实验,每组实验运行 20 次取平均值。图 4.2 所示为不同资源分发策略的优化结果(平均值)对比。图 4.3 所示为某组随机实验下不同资源分发策略的优化结果(20 次仿真结果)对比。从图 4.2 和图 4.3 可以看出,资源平衡分发策略相对于对比资源分发策略具有较大优势。

仿真实验 3　为验证 CHIDPSO 算法的优越性,在表 4.1 和表 4.2 所示的输入信息下,将 CHIDPSO 算法与其他对比算法进行仿真对比。对比算法 1 为加权长度改进离散粒子群算法(Weighted Length Improved Discrete Particle Swarm Optimization,WLIDPSO),对比算法 2 为 CHIDPSO 算法去除约束处理机制后 IDPSO 算法,对比算法 3 为约束处理人工蜂群算法(Constraints Handling Discrete Artificial Bee Colony,CHDABC)。

第 4 章 有人/无人机协同作战任务执行计划生成方法

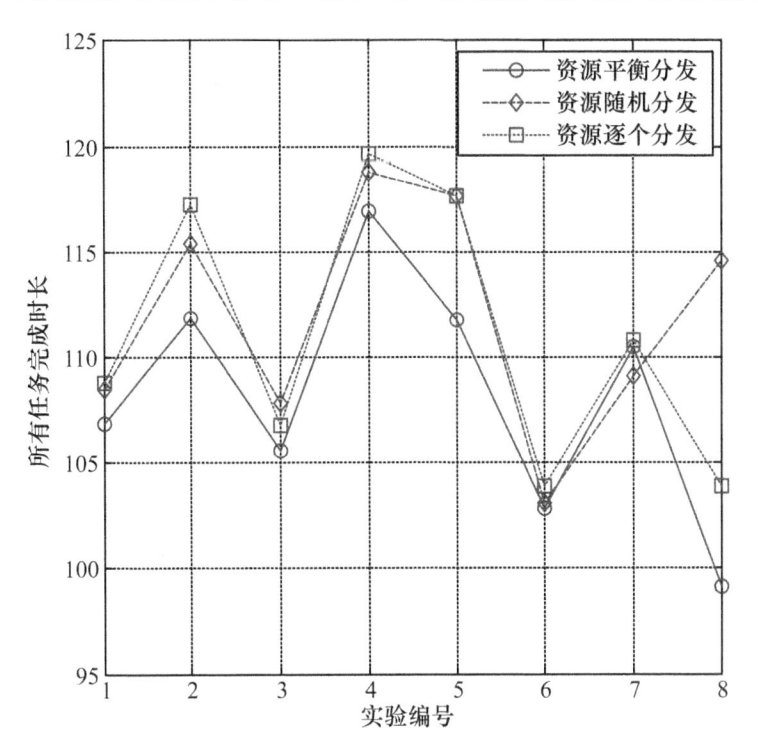

图 4.2 不同组随机实验下优化结果对比

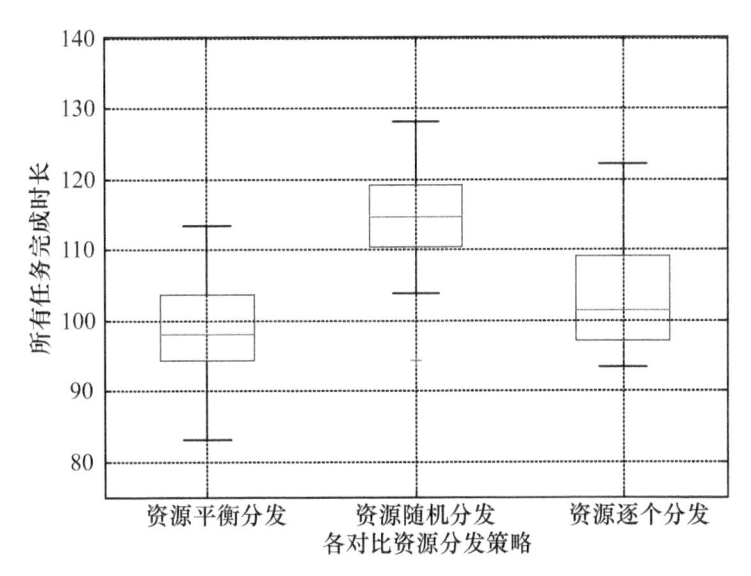

图 4.3 某组随机实验下优化结果对比

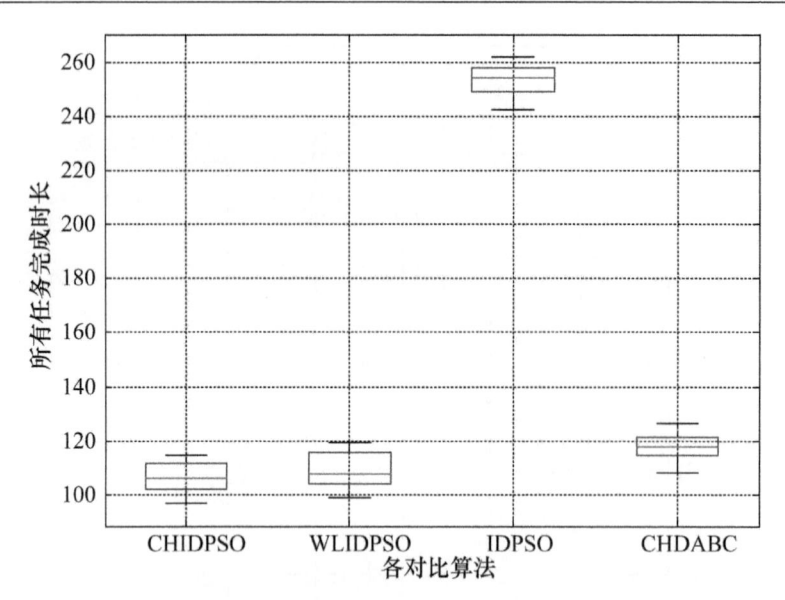

图 4.4　各对比算法随机运行 20 次时的优化结果对比

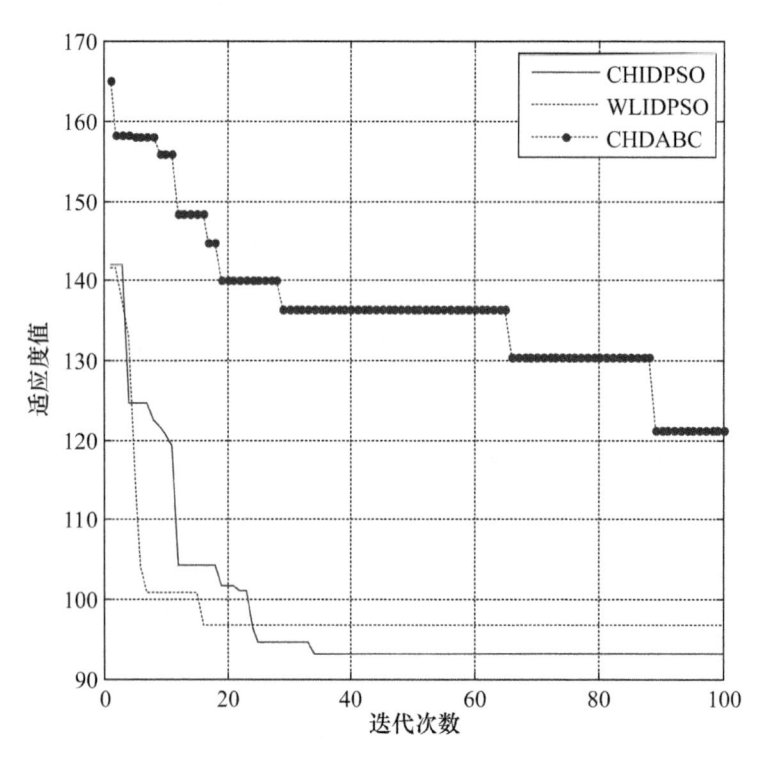

图 4.5　各对比算法进化过程对比

图 4.4 所示为 CHIDPSO 算法、WLIDPSO 算法、IDPSO 算法和 CHDABC 算法随机运行 20 次时的优化结果盒须图。图 4.5 所示为 CHIDPSO 算法、WLIDPSO 算法和 CHDABC 算法进化过程图（IDPSO 算法整体效能较差，故未加入对比）。从图 4.4 和图 4.5 可以看出，CHIDPSO 算法在求解有人/无人机协同作战任务执行计划生成问题时具有较大优势。

第 5 章　突发事件触发的动态决策分配方法

复杂建模技术、优化决策方法、计算机运算能力的不断发展和进步,使得机器智能在现代战场,特别是在有人/无人机协同作战中将发挥越来越大的作用。在有人/无人机协同作战过程中,无人机的较高自主水平能够使指挥员将注意力专注于高层任务控制,其借助于自动化系统生成包括行动计划、航迹计划和战术决策等多项决策内容在内的作战决策结果,从而有效减小指挥员指挥控制单架无人机的工作量,这保证了指挥员在一定工作负荷阈值内能够实现对更多数量无人机的指挥控制。

5.1　动态决策分配分析

在有人/无人机协同作战过程中,需要合理确定有人机和无人机之间决策权限的分配,确保自动化系统以合适的自动化等级辅助指挥员决策。当前,有人/无人机协同作战体系中的决策分配一般采用静态分配方式,即有人机和无人机之间的决策关系在系统设计之初便已确定,这种静态分配方式易导致两个问题,即分配指挥员过多决策任务的"超负荷"问题和分配指挥员过少决策任务的"人不在回路"(Out-of-the-Loop,OOTL)问题,采用动态分配方式,能够保证决策分配结果能够有效应对战场态势变化和指挥员工作状态变化。目

第5章 突发事件触发的动态决策分配方法

前,对于动态分配决策问题,研究人员对重分配触发机制和重分配自适应算法开展了大量研究,本书重点对突发事件触发的动态决策分配问题开展研究,其包含两个子问题,即突发事件处理权分配问题和决策分配自适应算法设计问题。

5.1.1 相关研究情况

有人/无人机协同作战体系执行任务过程中,各类突发事件时有发生,对于这些突发事件的处理,需要由相应指挥员借助于一定自动化辅助系统进行。当突发事件高频集中出现时,突发事件-指挥员处理权分配就变得尤为复杂,需要结合指挥员工作负荷进行综合考量[33]。

在无人机和无人地面车操控问题中,部分研究分析了有哪些因素会影响指挥员的工作负荷和表现,其中,Prewett等人[34]给出了非常详细的综述。Savla等人[35]采用排队论对任务监管所需指挥员进行分配,而每个指挥员的服务时间取决于指挥员起始的工作负荷。在航空交通管制问题中,也涉及将指挥员进行分配监控相应航空器的问题,这一类问题并不要求指挥员直接操控航空器或者分析从航空器获取的传感器信息,如Iqor等人[36]提出了一种混合整数数学规划模型,在这个模型中指挥员可以开展六种任务类型,但不允许同时操作多任务,且路径规划也是被事先确定的。在炼钢—连铸调度问题中,赵宁等人[37]提出一种多阶段人机协同调度方法,首先由机器优化得到初步优化结果,随后调度员根据其调度经验干预优化过程以提高解的质量。刘维平等人[38]考虑装甲车辆乘员工作特性,建立基于信息执行通道的任务—网络模型,并以此为基础,按照视觉、反应、语言和听觉为划分依据,给出乘员工作项目明细及对应通道负荷和认知负荷,并给出一种脑力负荷评价新方法。

对于决策重分配自适应算法设计问题,研究人员开展了广泛研究。1951 年,Fitts 提出决策分配概念,其是指将人—机协同系统中的任务分配给人或者自动化系统执行,它从整体上决定了人与自动化系统的内部关系,并继而影响系统的外部表现[39];不仅会影响系统软硬件开发和维护,还会涉及人机界面设计以及人的操作技能训练。Andy 等人[40]认为,在人—机协同系统中,人和自动化系统各有优劣,人的优长可能正是自动化系统的短板,而人的短板也可能正是自动化系统的优长,而这正是实现人—机结合的重要基础。Braynov 等人[41]对多智能体系统自主能力进行了定量评估,并实现了多 Agent 自主性能的动态分配。Brookshire 等人[42]提出了人—机自主功能的滑变模型,指挥员利用滑块实现对功能的动态分配,但等级划分不够全面,仅包括自主和不自主两个有限等级。Mostafa 等人[43]提出了层次调整自主等级模型(Layered Adjustable Autonomy, LAA),其指出自主性是权限和知识的综合,且由于在感知、推理、规划、执行各个阶段的自主权限和知识不尽相同,因此,应采用协商型(Deliberative Mode, DM)、混合型(Hybrid Mode, HM)和反应型(Reactive Mode, RM)等不同模式进行自主等级的切换。

5.1.2　建模基础分析

1. 突发事件处理权分配

突发事件优化处理可形式化表征为 EHS = (X^{H-E}, Y^{H-E-E}),输入信息为 H、E、X^{H-M}、X^{H-C} 和 X^{E-C},EHS 是对任一目标簇 C_m 内所有突发事件进行处理权分配,即在考虑指挥员工作负荷、决策变量约束等基础上,设计矩阵 X^{H-E} 和 Y^{H-E-E}。

首先,分别对突发事件进行结构化描述,并对指挥员处理行为进行分析。

第5章 突发事件触发的动态决策分配方法

（1）突发事件结构化描述。

在有人/无人机协同作战过程中，无人机在适宜决策时完成自主决策以减轻有人机指挥员工作负荷，有人机指挥员在突发事件发生时进行处理。对突发事件处理权进行分配，首先，需要对突发事件进行结构化描述。

对突发事件，描述为"突发事件 = {{事件类型}, {关键属性}, {事件后果}}"。其中，"事件类型"为协同作战过程中的典型突发事件，主要包括平台失效、目标变更、突发威胁和无人机自主攻击决策困难，而每种类型可以进行再次细分；"关键属性"包括事件个数、事件出现时刻和事件处理时间等；"事件后果"为突发事件对有人/无人机协同作战体系的影响。

对指挥员处理行为，描述为"处理行为 = {{处理主体}, {处理方案}, {处理收益}}"。其中，"处理主体"为应对突发事件的决策者，即指挥员；"处理方案"为指挥员针对突发事件的可选行动策略；"处理收益"为指挥员按照一定方案处理突发事件的处理效果。

（2）指挥员处理行为分析。

由于敌方敌对行为及战场环境的影响，有人/无人机协同作战体系并不总是能按照预定计划进行任务执行，其作战过程总是伴随突发事件的发生。在多突发事件同时发生时，需要根据突发事件类型和指挥员工作负荷情况，将各突发事件合理分配给不同指挥员进行相应处理。首先，需要在区分突发事件类型的基础上分析指挥员的处理行为，主要讨论四类突发事件，分别为平台失效、目标变更、突发威胁和无人机自主攻击决策困难。

① 平台失效事件包括两种子类型，分别为影响任务执行的平台失效事件、不影响任务执行的平台失效事件。在出现平台失效事件后，指挥员处理行为如下。

步骤1 对平台失效事件进行评估,判断其对任务执行的影响。

步骤2 根据对任务执行的影响情况,进行相应处理。

Ⅰ. 若存在影响,将由失效平台执行的任务重新分配给其他无人机进行执行并进行无人机资源的更新,查明平台失效原因以避免其他无人机再次失效;

Ⅱ. 若不存在影响,则进行无人机资源的更新,查明失效原因以避免其他无人机再次失效。

② 目标变更事件包括两种子类型,分别为目标取消和目标新增,在出现目标变更事件时,指挥员的处理行为如下。

步骤1 对目标变更事件进行评估,判断其所属类型。

步骤2 根据目标变更所属类型,进行相应处理。

Ⅰ. 若为目标取消,则指挥员进行相关无人机资源的释放更新;

Ⅱ. 若为目标新增,则指挥员基于当前可用无人机资源,根据作战经验或依赖智能辅助决策系统,进行作战计划调整。

③ 突发威胁事件包括四种子类型,分别为导弹威胁、高炮威胁、雷达威胁和地形威胁,在出现突发威胁时,指挥员的处理行为如下。

步骤1 对突发威胁事件进行评估,判断其所属类型。

步骤2 根据突发威胁类型,进行相应处理。

Ⅰ. 若为导弹威胁,则指挥员根据作战经验或依赖智能辅助决策系统,生成导弹威胁评估结果,进行精确引导以保证无人机规避导弹威胁;

Ⅱ. 若为高炮威胁,则指挥员根据作战经验或依赖智能辅助决策系统,生成高炮威胁评估结果,进行概略引导以保证无人机规避高炮威胁;

Ⅲ. 若为雷达威胁,则指挥员根据作战经验或依赖智能辅助决策系统,生成雷达威胁评估结果,进行广播引导以保证无人机规避雷达

威胁;

Ⅳ. 若为地形威胁,则指挥员根据地形威胁分布情况,采取直接控制或设置少量导航点进行航迹重规划。

④ 无人机自主攻击决策困难事件下,指挥员的处理行为如下。

步骤1 对无人机自主攻击决策困难事件进行评估,判断其当前转进等级。

步骤2 根据当前转进等级,进行相应处理。

Ⅰ. 若为环境干预,则指挥员根据作战经验或依赖智能辅助决策系统,生成适宜电子干扰强度,进行电子干扰以促进决策结果生成。

Ⅱ. 若为决策阈值调整,则指挥员根据作战经验或依赖智能辅助决策系统,生成适宜决策阈值调整强度,进行决策阈值调整以促进决策结果生成。

Ⅲ. 若为决策权收回,则指挥员根据作战经验,确定最终决策结果。

从上述分析可以看出,这11种不同的突发事件类型所需的指挥员工作负荷是各异的,而这也是突发事件处理权分配问题建模的一个重要理论基础。为了便于建模,定义辅助决策变量 x_p^μ, x_p^μ 表示在突发事件时刻 H_p 是否同时处理 μ 个突发事件的变量,若是,则 $x_p^\mu=1$,否则 $x_p^\mu=0$;定义辅助变量 τ_p^μ, τ_p^μ 表示 H_p 同时处理 μ 个突发事件的持续时长。

2. 决策权限自适应分配

决策权限自适应分配实际上是人机功能分配问题,是对无人机自主等级的定量描述,其目的在于协调统一有人机指挥员和具有自主决策能力无人机之间的决策关系,其实质是对有人机与无人机之间的决策权限进行评估。决策权限自适应分配是在状态信息评估基础上,综合考虑战场态势信息、敌方作战意图、敌方作战能力等因素,以定量形式分析评估有人/无人机编队采取的决策模式,其能够为协同作战中有人机与无人机的控制关系、职责权限进行明确划分,定量描述指挥控制模式,为有人机和无人机决策行为提供支撑。

在有人/无人机协同作战体系中,要实现决策权限的合理分配,必须从作战任务出发,综合人—机特点、作战任务和战场态势,对有人机和无人机的能力优势进行系统分析,在决策重分配过程中互为补益,实现决策效能的最大化。结合相关研究成果,给出表 5.1 所示的有人机和无人机能力优势集合。

表 5.1 有人机和无人机能力优势集合

M	U
a_1=视觉感知能力	b_1=信息存储能力
a_2=态势理解能力	b_2=快速解算能力
a_3=经验学习能力	b_3=规则推理能力
a_4=模糊信息处理能力	b_4=组合问题处理能力
a_5=不确定事件处理能力	b_5=多任务执行能力
a_6=情报决策能力	b_6=事件预测能力
a_7=战术谋划能力	b_7=环境适应能力
a_8=创新创造能力	b_8=连续工作能力

从表 5.1 可以看出,有人机指挥员善于处理复杂、非结构化信息,在识别、经验和直觉的应用上强于自动化系统,且比自动化系统更具全局观;自动化系统在复杂运算、结构化问题求解、并行处理等方面强于有人机指挥员,且数据存储、管理能力较强。

5.2 动态决策分配建模

对 C_m 而言,簇内指挥员数量为 $\sum_{p=1}^{P} x_{pm}^{H-C}$,突发事件数量为 $\sum_{o=1}^{O} x_{om}^{E-C}$。在矩阵 $\boldsymbol{X}^{H-E}$ 和 $\boldsymbol{Y}^{H-E-E}$ 设计过程中,各目标簇通过设计与自

身相关部分决策变量,从而共同完成X^{H-E}和Y^{H-E-E}的设计。

而突发事件被分配给不同指挥员进行优化处理后,指挥员工作负荷值发生变化,此时,需要对人—机协同决策系统进行决策权限自适应分配,以生成适应当前战场态势的决策权限分配结果。

5.2.1 突发事件处理权分配模型

目前,对于以人为主体的决策者工作负荷建模,主要是基于多资源理论。该理论认为决策者处理信息时,需要一定受限的能力(资源);此外,研究人员还运用 VACP 方法,建立了同时多任务下集结生成联合工作负荷的计算框架,并将联合工作负荷与定义的决策者工作负荷阈值进行比较,判断决策者是否已经超负荷;最后,研究人员还建立了"任务并行代价"的概念,认为决策者在同时执行多任务时,除了执行任务本身所需的工作负荷,还需要额外的并行代价工作负荷。

1. 行为本身所需工作负荷

指挥员对于对应突发事件的处理行为包括 11 种,针对不同处理行为,可通过经验实验得到指挥员所需工作负荷,记处理第 o 种突发事件所需的工作负荷为 W_o。表 5.2 所示为指挥员在各突发事件发生时不同处理行为的工作负荷情况。

表5.2 各处理行为所需工作负荷

处理行为	行为负荷值	处理行为	行为负荷值
1	1.75	7	0.75
2	1	8	1
3	1.5	9	0.5
4	0.5	10	0.25
5	0.75	11	1.5
6	1	—	—

2. 行为并行所需额外工作负荷

指挥员 H_p 处理行为并行所需的额外工作负荷用参数 W_p^μ 进行度量,其中,μ 为指挥员同时进行的处理行为数量。一般情况下,W_p^μ 的取值随着 μ 的增长呈现非线性增长,图 5.1 所示为两种典型的行为并行代价所需工作负荷。

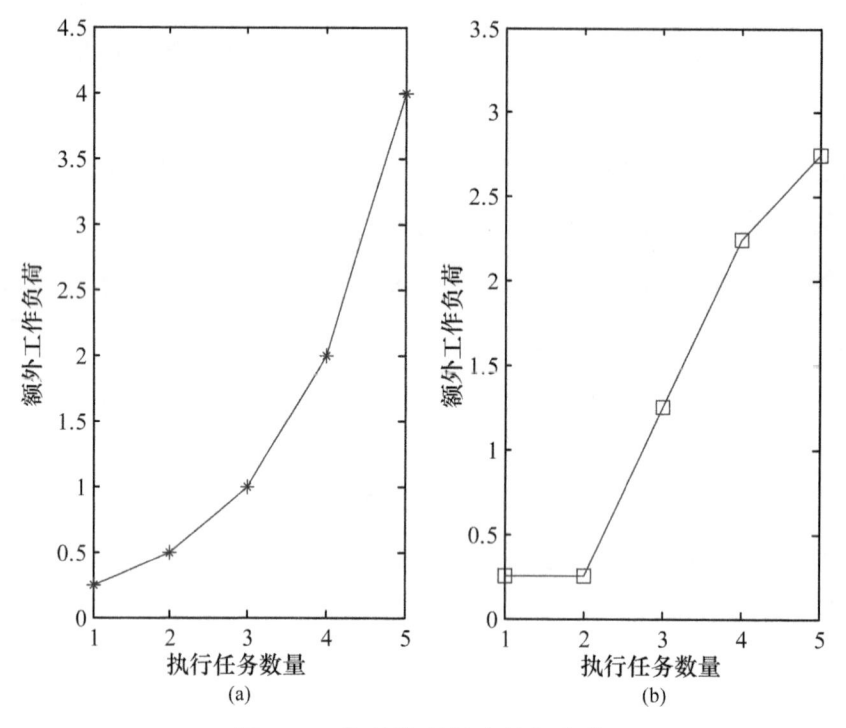

图 5.1 典型处理行为并行代价

一般来说,并行处理行为所需额外工作负荷取值为:$W_p^1 = 0.25$,$W_p^2 = 0.5$,$W_p^3 = 1$,$W_p^4 = 2$,$W_p^5 = 4$。

对于指挥员 H_p 来说,负荷超载和负荷过低均不利于指挥员发挥最佳工作绩效,存在适宜工作负荷 $W_{\text{sui},p}$,使得指挥员可以发挥最佳工作效能。因此,定义 $W_{\text{exc},p}$ 和 $W_{\text{ins},p}$ 分别为 H_p 工作负荷超过或低于适宜工作负荷程度。图 5.2 所示为 $W_{\text{max},p}$、$W_{\text{sui},p}$、$W_{\text{exc},p}$ 和 $W_{\text{ins},p}$ 关系。

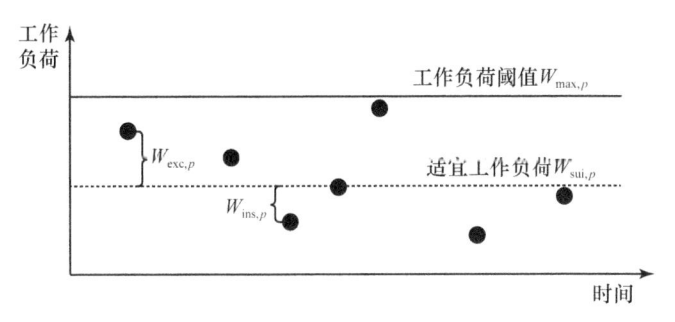

图 5.2　$W_{\max,p}$、$W_{\text{sui},p}$、$W_{\text{exc},p}$ 和 $W_{\text{ins},p}$ 关系

3. 处理权分配模型构建

突发事件处理权分配问题是典型的 NP-hard 问题,其本质是将各突发事件按照相应的处理时序分配给不同的指挥员,该过程主要包含两个子问题:哪些突发事件分配给哪些指挥员处理;这些突发事件的处理顺序是什么样的。首先,进行约束条件分析。

(1) 对于指挥员 H_p 和突发事件 E_o,若 $x_{po}^{H-E}=1$,则包含两种情况:一是 H_p 处理完突发事件 $E_o(o\neq 0)$ 后被分派处理突发事件 $E_{o'}$,则有 $y_{po'o}^{H-E-E}=1$,E_0 为虚拟初始突发事件;二是 H_p 首次处理突发事件,没有前导需处理突发事件,则有 $y_{p0o}^{H-E-E}=1$。因此,必有

$$\sum_{o=1}^{O_m}\sum_{o'=1}^{O_m} y_{po'o}^{H-E-E} - x_{po}^{H-E} = 0, \quad 1\leqslant p\leqslant P_m \quad (5.1)$$

(2) 在突发事件发生时刻,H_p 同时处理的突发事件数量,即对于 x_p^μ 中的 μ,与决策变量 x_{po}^{H-E} 有关,即有

$$\mu = \sum_{o=1}^{O_m} x_{po}^{H-E}, \quad 1\leqslant p\leqslant P_m \quad (5.2)$$

对于 μ,存在取值上限

$$\mu_{\max} = \lfloor W_{\max,p}/\min(W_o) \rfloor, \quad \begin{cases} 1\leqslant p\leqslant P_m \\ 1\leqslant o\leqslant O_m \end{cases} \quad (5.3)$$

(3) 指挥员 H_p 的工作负荷之和不能超出其工作负荷阈值

$W_{\max,p}$,且需保证 $W_{\text{exc},p}$ 和 $W_{\text{ins},p}$ 均为正值,即有

$$W_{\max,p} \geq \sum_{o=1}^{O_m} x_{po}^{H\text{-}E} W_o + \sum_{\mu=1}^{\mu_{\max}} x_p^{\mu} W_p^{\mu}, \quad 1 \leq p \leq P_m \quad (5.4)$$

$$W_{\text{exc},p} = \sum_{o=1}^{O_m} x_{po}^{H\text{-}E} W_o + \sum_{\mu=1}^{\mu_{\max}} x_p^{\mu} W_p^{\mu} - W_{\text{sui},p}, \quad 1 \leq p \leq P_m \quad (5.5)$$

$$W_{\text{ins},p} = W_{\text{sui},p} - \sum_{o=1}^{O_m} x_{po}^{H\text{-}E} W_o - \sum_{\mu=1}^{\mu_{\max}} x_p^{\mu} W_p^{\mu}, \quad 1 \leq p \leq P_m \quad (5.6)$$

(4) 每个突发事件最多只能分配给一个指挥员进行处理,即有

$$\sum_{o=1}^{O_m} x_{po}^{H\text{-}E} \leq 1, \quad 1 \leq p \leq P_m \quad (5.7)$$

(5) 每个突发事件发生后,并不一定能被指挥员立即处理(工作负荷的限制),而是需要等待先导突发事件的处理。因此,若有 $y_{po'o}^{H\text{-}E\text{-}E} = 1$ 成立,则有

$$sc_o^E \geq fc_{o'}^E, \quad 1 \leq o, o' \leq O_m \quad (5.8)$$

(6) 指挥员 H_p 偏离适宜工作负荷 $W_{\text{sui},p}$ 的代价需小于一定疲劳累计阈值 θ,否则会造成指挥员技能下降,则有

$$\sum_{\mu=1}^{\mu_{\max}} x_p^{\mu} \tau_p^{\mu} (\rho_1 W_{\text{exc},p} + \rho_2 W_{\text{ins},p}) \leq \varepsilon, \quad 1 \leq p \leq P_m \quad (5.9)$$

式中:ρ_1 和 ρ_2 分别为指挥员负荷超载和负荷过低的惩罚系数。

在目标函数选取方面,有人/无人机协同作战过程中,主要考虑在满足指挥员工作负荷约束的基础上,最大化指挥员处理突发事件的收益值,定义如下

$$Y_{\text{sum}} = \sum_{o=1}^{O_m} \sum_{p=1}^{P_m} \max\left(1 - \rho_3 \frac{wc_o^E}{wc_o^{\max}}\right) x_{po}^{H\text{-}E} Y_o \quad (5.10)$$

式中:$wc_o^{\max}$ 为 E_o 的处理及时性阈值;ρ_3 为衰减系数。

综上所述,建立突发事件处理权分配问题的规划模型为

第5章 突发事件触发的动态决策分配方法

$$\max Y_{\text{sum}}$$

$$\begin{cases} \sum_{o=1}^{O_m} \sum_{o'=1}^{O_m} y_{po'o}^{H\text{-}E\text{-}E} - x_{po}^{H\text{-}E} = 0, & 1 \leq p \leq P_m \\ \mu = \sum_{o=1}^{O_m} x_{po}^{H\text{-}E}, & 1 \leq p \leq P_m \\ \mu_{\max} = \lfloor W_{\max,p}/\min(W_o) \rfloor, & \begin{cases} 1 \leq p \leq P_m \\ 1 \leq o \leq O_m \end{cases} \\ W_{\max,p} \geq \sum_{o=1}^{O_m} x_{po}^{H\text{-}E} W_o + \sum_{\mu=1}^{\mu_{\max}} x_p^\mu W_p^\mu, & 1 \leq p \leq P_m \\ W_{\text{exc},p} = \sum_{o=1}^{O_m} x_{po}^{H\text{-}E} W_o + \sum_{\mu=1}^{\mu_{\max}} x_p^\mu W_p^\mu - W_{\text{sui},p}, & 1 \leq p \leq P_m \\ W_{\text{ins},p} = W_{\text{sui},p} - \sum_{o=1}^{O_m} x_{po}^{H\text{-}E} W_o - \sum_{\mu=1}^{\mu_{\max}} x_p^\mu W_p^\mu, & 1 \leq p \leq P_m \\ \sum_{o=1}^{O_m} x_{po}^{H\text{-}E} \leq 1, & 1 \leq p \leq P_m \\ sc_o^E \geq fc_{o'}^E, & \begin{cases} y_{po'o}^{H\text{-}E\text{-}E} = 1 \\ 1 \leq o, o' \leq O_m \end{cases} \\ \sum_{\mu=1}^{\mu_{\max}} x_p^\mu \tau_p^\mu (\rho_1 W_{\text{exc},p} + \rho_2 W_{\text{ins},p}) \leq \varepsilon, & 1 \leq p \leq P_m \end{cases} \quad (5.11)$$

5.2.2 决策权限自适应分配模型

在有人机和无人机之间进行决策权限分配,可以视为有人机和无人机在决策层面的协同行为,根据协同决策行为中决策主体作用程度的不同,划分了不同的决策等级。而决策等级的评估属性是评估决策等级的依据,为了确定有人机与无人机之间协同决策等级,专家会对关键影响要素进行深入分析,并结合有人机、无人机具体的性能指标,给出各等级对应的评估属性对应值,形成由决策矩阵构成的等级评判标准。

1. 协同决策等级

决策等级实际反映了决策结构:决策等级越低,越趋近于集中式决策结构;决策等级越高,越趋近于分布式决策结构。Parasuraman 提出的人机交互系统的自动化等级划分方法被广泛采用,本书以其为参考依据,采用相似的等级划分方法,表 5.3 所示为有人机与无人机协同决策等级。

表 5.3 有人机与无人机协同决策等级

决策等级	描述
10	无人机决策所有工作,无需有人机的干预
9	由无人机决定是否将决策结果告知有人机
8	如果有人机提出需求,则无人机将决策结果告知有人机
7	自动执行,无人机仅在必要时将决策结果告知有人机
6	在无人机自动执行前,有人机可在有限时间内否决
5	仅在有人机同意时由无人机执行
4	无人机提出建议
3	有人机决策,并参考无人机提供的方案
2	有人机决策,并参考部分无人机提供的决策信息
1	有人机完成所有决策和操作,无人机不提供任何帮助

2. 等级评估属性

一般而言,属性状态较优的情况下,采用集中式决策方式更能发挥整体作战效能,反之则应采用分布式决策方法。决策等级确定过程,需要将等级评估属性实际值与决策矩阵中专家建议值进行相似度比较,找出在此情景下的最佳等级。将影响决策等级划分的要素记作 $\{u_1,u_2,u_3,u_4,u_5\}$,并对其进行简单量化评估。

(1) 敌方信息的完备性 u_1。

敌方信息的完备性是指我方有人机对敌方目标的认知程度,认知程度越高,u_1趋近于1,我有人机对于全局的掌握情况越好,采用更加集中的决策方式;反之,u_1趋近于0,采用分布式决策。

(2) 指挥员工作负荷u_2。

指挥员工作负荷是指一定时间内指挥员执行决策任务所承受的工作量,其取值大小因人而异,很大程度上取决于指挥员认识、情绪和意志。根据5.2.1节分析,指挥员工作负荷是由行为本身所需工作负荷和行为并行所需额外工作负荷共同决定的。

(3) 有人机态势感知能力u_3。

实际作战中,有人机可能受到敌方电子干扰,使得雷达的探测半径减小,进而影响有人机态势感知能力。有人机态势感知能力越强,越有利于有人机进行集中式决策;反之,则越有利于进行分布式决策。

(4) 通信链路质量状况u_4。

有人机与无人机间的通信链路质量状况越好,两者之间的信息交互越顺畅,有人机指挥员掌握全局信息进行科学决策的条件越充分;而在通信链路质量状况不佳时,有人机与无人机信息交互受限,其无法及时准确掌握态势及目标信息,趋于分布的决策方式更为适用。

(5) 无人机任务紧迫程度u_5。

无人机在执行任务过程中,任务紧迫程度越高,决策效率要求越高,则分布式决策的比重就越大;反之,任务紧迫程度越低,决策质量要求更高,则集中式决策的比重就越大。

5.3 模型求解算法

从式(5.11)可以看出,突发事件处理权分配问题是复杂数学模型,考虑到突发事件处理的时效性要求较高,一般采用启发式算法进行模型求解。而对于决策权限自适应分配问题,需要在获取评估属性基础上进行相应决策等级的映射生成。

5.3.1 处理权分配模型求解算法

主要采用 K-best 与变邻域搜索混合(K-best Optimization Variable Neighborhood Search Mixed Algorithm,KBOVNSMA)算法进行模型求解,下面分别对作为 K-best 算法基础的贪心算法、K-best 算法和变邻域搜索(Variable Neighborhood Search,VNS)算法进行叙述。

1. 贪心算法

贪心算法,是指在每次的突发事件选取和指挥员匹配过程中,总是优先选取使得收益值最高的突发事件—指挥员组合,算法具体过程如下。

步骤1 初始化,载入各项参数,令 S_E 为 C_m 内突发事件集合,已处理突发事件集合为 $S_E^{already}=\varnothing$,未处理突发事件集合为 $S_E^{ready}=S_E$,计数器 count=0。

步骤2 计算 S_E^{ready} 中所有突发事件—指挥员处理组合的收益值,并选取其中最大值对应的突发事件 E_o 和指挥员 H_p。若 H_p 的剩余工作负荷值能够处理 E_o,则令 $S_E^{already}=S_E^{already}\cup E_o$,$S_E^{ready}=S_E^{ready}\backslash E_o$;否则,等待其他突发事件处理结束后释放指挥员工作负荷。更新 H_p 的工作负荷值,令 count=count+1。

步骤3 判断 count<O_m 是否成立,若是,则返回步骤2;若否,记录分配方案,求解结束。

2. K-best 算法

贪心算法在每一步均选取局部最优结果,但从全局来看,不一定能达到最优。K-best 算法在贪婪程度上要小于贪心算法,每一步选

取 K 个局部最优结果进行相应评估后,确定该步下的分配结果。具体过程如下。

步骤1 初始化,载入各项参数,令 S_E 为 C_m 内突发事件集合,已处理突发事件集合为 $S_E^{already}=\varnothing$,未处理突发事件集合为 $S_E^{ready}=S_E$,计数器 count=0。

步骤2 计算 S_E^{ready} 中所有突发事件—指挥员组合的收益值,依次选取前 K 个最大值对应的各突发事件和指挥员组合,并更新对应收益值下需更新的相关参数。

步骤3 对前 K 个最大收益值进行评估,即分别对 K 个最大收益值所对应的突发事件—指挥员组合进行参数更新后,采用贪心算法进行剩余突发事件处理权分配,直至 S_E^{ready} 中所有未处理突发事件全部被处理完,并在生成的 K 个全局收益值中,选取最大值对应的第 count 步下突发事件—指挥员组合作为当前步数分配结果。令 count=count+1。

步骤4 判断 count<O_m 是否成立,若是,返回步骤2;若否,记录分配方案,求解结束。

3. VNS 算法

VNS 算法的基本思想是在一定初始解基础上,设计若干种对初始解扰动不断扩大的邻域结构,并依次在各邻域进行搜索,直至解的质量无法提高或者达到算法时间阈值,具体步骤如下。

步骤1 初始解构造。采用 K-best 算法生成 VNS 算法的初始解。

步骤2 产生邻域解。根据模型求解特性设计三种邻域:邻域1是在初始解对应的分配方案中交换同一指挥员的两个突发事件处理顺序;邻域2是在新生成的分配方案中交换不同指挥员的两个突发事件进行处理;邻域3是对突发事件进行增/减操作,即将分配给一个指挥员的一个突发事件,重新分配给另一个指挥员。

步骤3 邻域搜索。按照邻域1~邻域3的顺序依次选取邻域结构,在各邻域内采用穷举策略,搜索所有可行解,采用最先下降方法,即一旦发现有更优解,就进行解的更新。

步骤4 算法终止条件判断。当解的质量无法提高或达到预先设定的运行时间阈值时,算法退出,输出当前最优解。

5.3.2 决策权限分配模型求解算法

由于数据获取方式的局限性以及客观事物普遍存在的不确定性,许多问题无法获得精确的数值,在动态不确定的战场环境下,作战单元同样很难获得极为精确的数据。因此,必须在充分考虑数据不确定性的前提下采用合适方法对数据进行挖掘,主要根据可估数据的大致所在范围引入区间数的概念,对决策等级评估属性取值进行有效度量。

1. 区间数及其交叉熵理论

标准区间数可以表示为

$$a = [a_{\min}, a_{\max}] \tag{5.12}$$

式中:$a_{\min}$、$a_{\max}$分别表示标准区间数a的下边界、上边界。假设a所能取到的最大值为A,将区间数进行归一化处理,得到归一化区间数

$$\tilde{a} = [a^L, a^U] \tag{5.13}$$

式中:$a^L = \dfrac{a_{\min}}{A}, a^U = \dfrac{a_{\max}}{A}, 0 \leqslant a^L < a^U \leqslant 1$。

实际应用中用区间数衡量某一个数值,可以描述为该数值分布于该区间,其分布概率密度一般不是均匀分布,而是往往呈现出"中间多两头少"的不规则分布,为简化起见,将其视为符合正态分布。其概率密度分布为$\xi_a \sim N(\mu_a, \sigma_a^2)$。采用概率论中正态分布$3\sigma$原则,

将区间为$[-\Box,+\Box]$的数规范在有限区间$[a^L,a^U]$内,区间数值服从的概率分布为:$P\{|\xi-\mu_a|\leq3\sigma_a\}\geq0.9973$,此时令$a^L=\mu_a-3\sigma_a$,$a^U=\mu_a+3\sigma_a$,正态分布区间数表示为$\tilde{a}=(\mu_a,\sigma_a)$。其中,$\mu_a$和$\sigma_a$分别为均值和方差值,计算公式分别如下

$$\mu_a=\frac{a^L+a^U}{2} \tag{5.14}$$

$$\sigma_a=\frac{a^U-a^L}{6} \tag{5.15}$$

定义 5.1 正态区间数的交叉熵。设$\tilde{a}=(\mu_a,\sigma_a)$和$\tilde{b}=(\mu_b,\sigma_b)$是两个正态分布的区间数,区间数交叉熵公式为

$$S(\tilde{a},\tilde{b})=\frac{1}{\ln 2}\left\{\mu_a\ln\frac{2\mu_a}{\mu_a+\mu_b}+\sigma_a\ln\frac{2\sigma_a}{\sigma_a+\sigma_b}+\mu_b\ln\frac{2\mu_b}{\mu_a+\mu_b}+\sigma_b\ln\frac{2\sigma_b}{\sigma_a+\sigma_b}\right\}$$

(5.16)

交叉熵是对两个区间数相似程度的计算值,是一种将两个区间进行比较的常用方法,其类似于信息论中用信息熵来表述信息的不确定性。两个正态区间数的均值和方差越相近,则交叉熵越小,即两个区间的相似程度越大。正态区间数交叉熵具有如下性质。

(1) $S(\tilde{a},\tilde{b})=S(\tilde{b},\tilde{a})$;

(2) $S(\tilde{a},\tilde{a})=0$;

(3) $0\leq S(\tilde{a},\tilde{b})\leq 1$。

2. 基于交叉熵和的决策等级确定

不失一般性,令决策等级为$\{1,2,\cdots,n\}$,评估属性为$\{u_1,u_2,\cdots,u_m\}$,对于第i等级,专家给出的第j个属性的建议值$\tilde{u}_{ij}$,可构建决策矩阵$U=(\tilde{u}_{ij})_{n\times m}$。实际执行作战任务时的区间属性为$\{\tilde{u}_j=[u_j^L,u_j^U],0\leq u_j^L<u_j^U\leq1,j=1,2,\cdots,m\}$,根据当前属性区间$\tilde{u}_j$与专家给出的决策矩阵$\tilde{U}$中的$\tilde{u}_{ij}$正态标准化后,利用式(5.16)计算交叉熵$S_{ij}=S(\tilde{u}_j,\tilde{u}_{ij})$。

决策等级确定,就需要从专家决策矩阵中选择与当前作战情景下各属性区间整体最相似的等级,而这依赖于比较各等级中的各属性交叉熵和,选择交叉熵和最小等级作为最终决策等级。

定义第 i 等级的交叉熵和为

$$v_i = \sum_{j=1}^{m} w_j \times S_{ij} \tag{5.17}$$

式中:$\sum_{j=1}^{m} w_j = 1$。选择交叉熵和的最小值 $\arg\min_i \{v_1, v_2, \cdots, v_n\}$,即为所要确定的等级。

需要注意的是,各属性对于决策等级的影响并不是独立的,计算交叉熵和时,各属性的熵并不是固定权重相加,决策等级的确定主要受到较差属性的限制,要着重增加均值较小属性的影响权重。因此,利用交叉熵的动态权值需要构建属性均值 μ_j 与相对权重 λ_j 的函数关系,将相对权重归一化得到各属性权重。

λ_j 大小由 μ_j 决定,为了充分体现属性值小时相对权重较大,属性值大时相对权重较小的特点,其函数变化趋势如下。

(1) 当 μ_j 较小时,λ_j 随着 μ_j 的增大而降低,降低速率逐步增大,当 $\mu_j \to 0, \lambda_j \to 1$;

(2) 当 μ_j 较大时,λ_j 随着 μ_j 的提升而降低,降低速率逐步减小,当 $\mu_j \to 1, \lambda_j \to 1$;

(3) 当 μ_j 处于中间值附近时,λ_j 将随着 μ_j 的提升而快速降低。

基于上述分析,主要采用式(5.18)构建交叉熵的动态相对权重函数,图 5.3 所示为相对权重值与属性均值对应关系。

$$\lambda_j = 1 - (1 + \exp(6 \times (1 - 2 \times \mu_j)))^{-1} \tag{5.18}$$

得到当前属性值下的相对权重后,将其归一化处理,即

$$w_j = \frac{\lambda_j}{\sum_{j=1}^{m} \lambda_j} \tag{5.19}$$

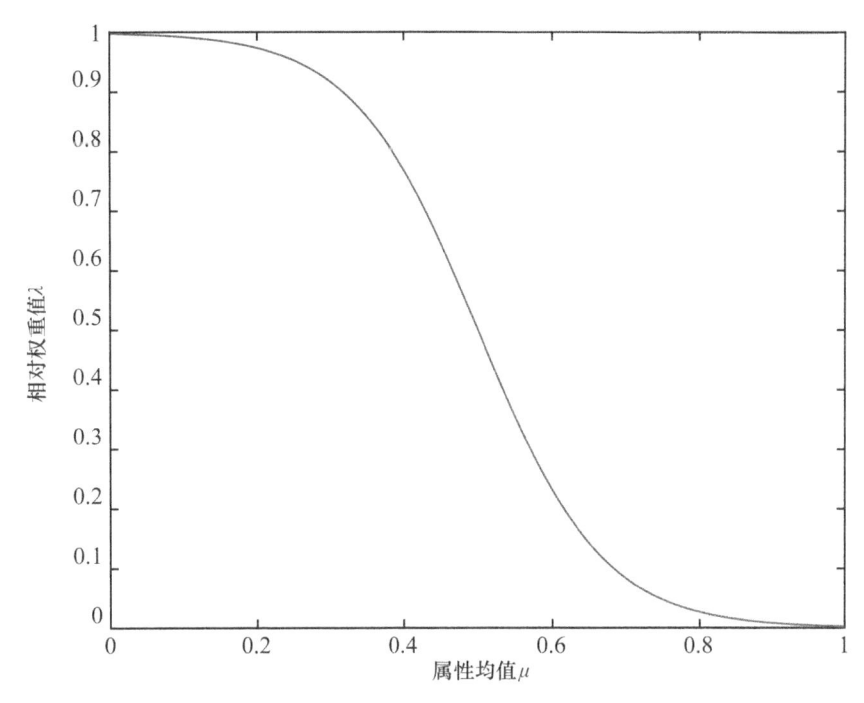

第 5 章　突发事件触发的动态决策分配方法

图 5.3　相对权重值与属性均值对应关系

下面给出基于动态熵权理论确定有人机与无人机协同决策等级的详细步骤。

步骤 1　输入当前作战情景下各评估属性的状态区间值 $\{\tilde{u}_1, \tilde{u}_2, \cdots, \tilde{u}_m\}$，专家评估决策矩阵 $\tilde{U} = (\tilde{u}_{ij})_{n \times m}$，并根据式(5.14)和式(5.15)进行正态标准化处理。

步骤 2　根据式(5.16)计算交叉熵矩阵。

步骤 3　根据式(5.18)和式(5.19)计算动态熵权 $\{w_1, w_2, \cdots, w_m\}$。

步骤 4　根据式(5.17)计算各等级熵和，得到交叉熵和序列 $\{v_1, v_2, \cdots, v_n\}$。

步骤 5　取交叉熵和 $\{v_1, v_2, \cdots, v_n\}$ 最小值对应的等级 i，即为所要确定的等级。

步骤6 根据等级划分规则,确定有人机与无人机的决策权限。

5.4 具体案例分析

在 CPU 配置为 Intel(R) Dual-Core 3.06GHz 的 Lenovo 计算机上使用 MATLAB 2019b 仿真软件,分别进行三组仿真实验。

5.4.1 突发事件处理权分配

参数设置方面,令 $I_m=3, O_m=13, \rho_1=1.1, \rho_2=0.25, \rho_3=0.5$;单位疲劳累计阈值 $\varepsilon_0=10$,在仿真实验中取不同乘值 ϑ,有 $\varepsilon=\vartheta\varepsilon_0$。

为验证 KBOVNSMA 算法的有效性和优越性,设置仿真实验如下:第 1 组仿真实验验证 KBOVNSMA 算法的有效性,即在特定场景下生成典型解;第 2 组仿真实验分析 K-best 算法和 KBOVNSMA 算法受 ϑ 值和 K 值的影响情况;第 3 组仿真实验验证 KBOVNSMA 算法的优越性,将其与 PSO 算法、GA 算法进行对比。

仿真实验 1 为验证 KBOVNSMA 算法的有效性,令 1 类平台失效事件分别为 2 个;1、2 类目标变更事件分别为 1、2 个;1、2、3 类突发威胁事件分别为 2、1、2 个;1、2 类无人机自主攻击决策困难事件分别为 1、2 个。各指挥员的工作负荷阈值向量为 [4,3.5,5];适宜工作负荷分别为各自工作负荷阈值的 0.4、0.5、0.6 倍。各突发事件类型处理时间和处理及时性阈值均为 20、18、10、12、14、12、10、8,3 名指挥员对 8 类突发事件的处理收益值矩阵为

$$\begin{bmatrix} 26 & 23 & 18 & 16 & 15 & 14 & 12 & 9 \\ 22 & 18 & 24 & 20 & 14 & 21 & 14 & 14 \\ 28 & 25 & 15 & 18 & 16 & 20 & 16 & 10 \end{bmatrix}$$

令 $\vartheta=3, K=3$,采用 KBOVNSMA 算法进行求解,得到图 5.4 所示

第 5 章 突发事件触发的动态决策分配方法

的指挥员 H_1、H_2 和 H_3 对突发事件处理序列,以及图 5.5 所示的指挥员工作负荷变化情况。

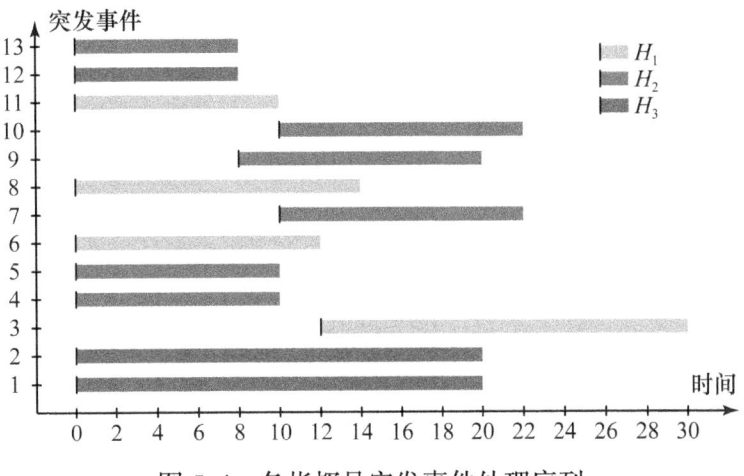

图 5.4 各指挥员突发事件处理序列

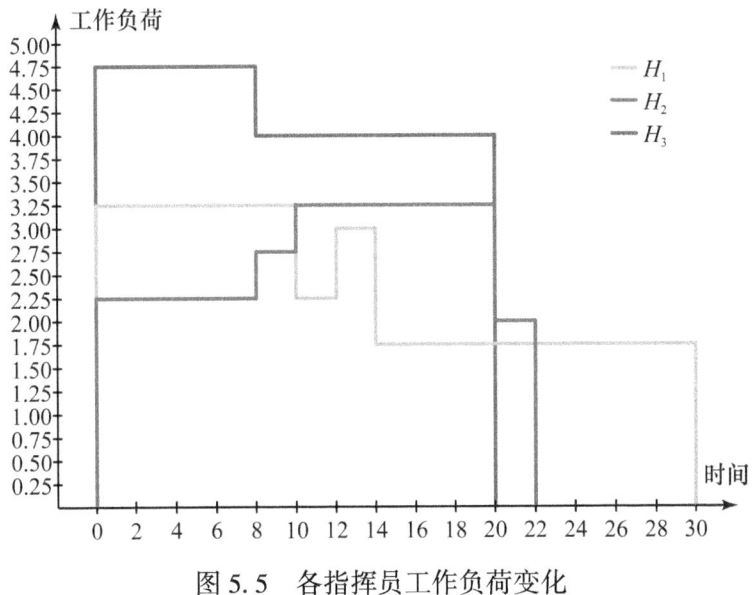

图 5.5 各指挥员工作负荷变化

仿真实验 2 为分析 K-best 算法和 KBOVNSMA 算法受 ϑ 值和 $KBOVNSMA$ 值的影响情况,取不同 ϑ 值和 K 值,分别记录 K-best 算

法和 KBOVNSMA 算法的算法运行时间和目标函数值。

首先,分析 K 值对 K-best 算法和 KBOVNSMA 算法的影响,令 ϑ = 3,K 分别取值为 1、2、3、4、5,进行仿真对比分析。图 5.6 和图 5.7 所示分别为不同 K 值下各算法的目标函数值和算法耗时。

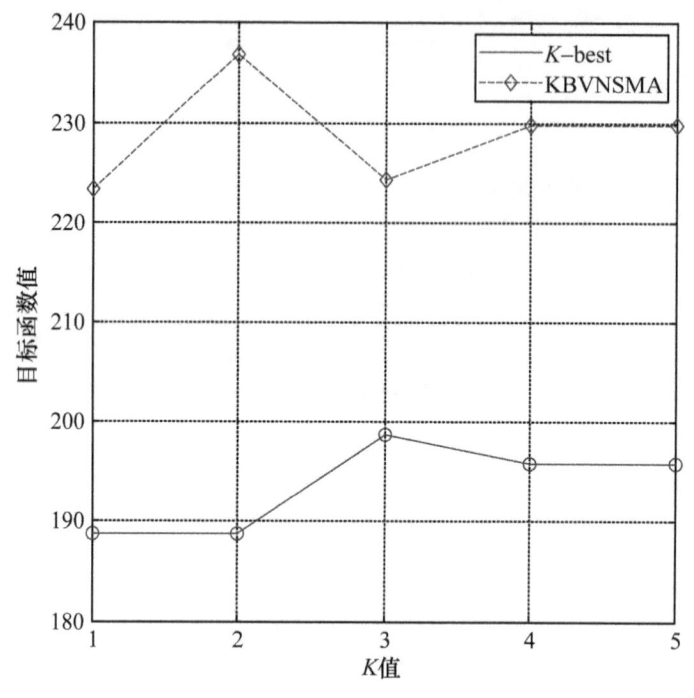

图 5.6 不同 K 值下的目标函数值

从图 5.6 可以看出,随着 K 值增大,K-best 算法目标函数值整体呈现增大趋势,其中,在 K=3 时,取得最大值;而 KBOVNSMA 算法目标函数值整体上增大,其中,在 K=3 时,取得最大值。从图 5.7 可以看出,随着 K 值增大,K-best 算法和 KBOVNSMA 算法耗时呈单调递增趋势。

然后,分析 ϑ 值对 K-best 算法和 KBOVNSMA 算法的影响,令 K=3,ϑ 分别取值为 1、1.5、2、2.5、3、3.5、4、4.5、5,进行仿真对比分析。图 5.8 和图 5.9 所示分别为不同 ϑ 值下各算法的目标函数值和算法耗时。

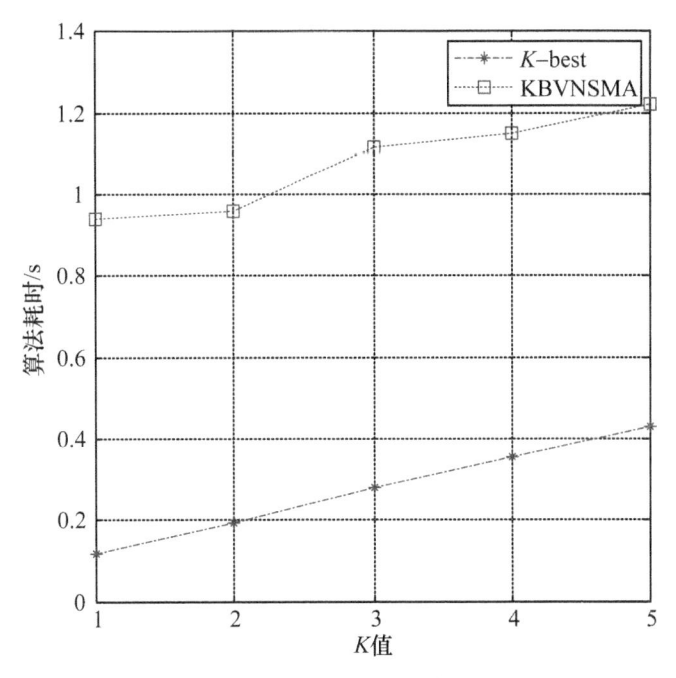

第 5 章 突发事件触发的动态决策分配方法

图 5.7 不同 K 值下的算法耗时

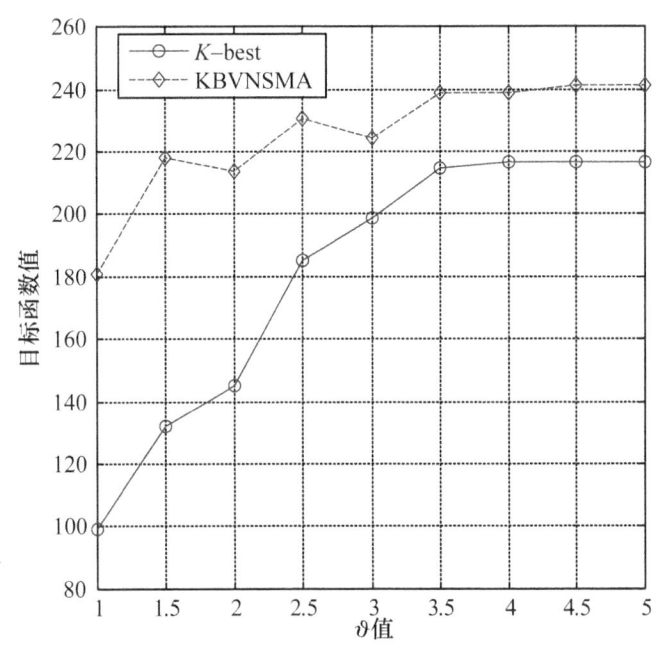

图 5.8 不同 ϑ 值下的目标函数值

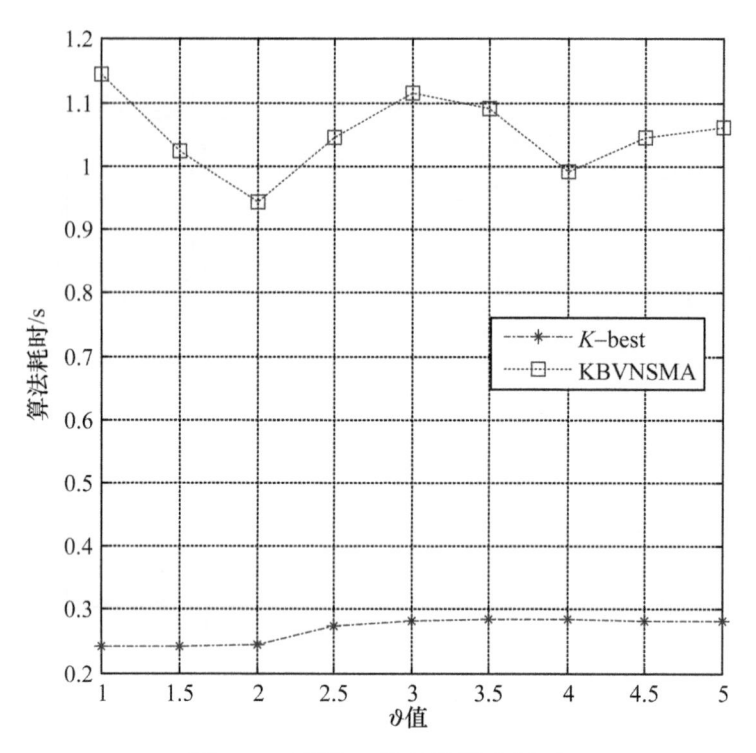

图 5.9　不同 ϑ 值下的算法耗时

从图 5.8 可以看出，随着 ϑ 值增大，K-best 算法目标函数值呈现单调递增趋势，而 KBOVNSMA 算法目标函数值整体上呈现增大趋势。从图 5.9 可以看出，ϑ 值对 K-best 算法和 KBOVNSMA 算法耗时几无影响，不同 ϑ 值下各算法呈现随机分布。

仿真实验 3　为验证 KBOVNSMA 算法的优越性，将 KBOVNSMA 算法和 PSO 算法、GA 算法进行 8 组仿真实验对比。令 O_m 取值为 [9, 13] 的随机数，处理收益值等关键参数随机取值，PSO 算法采取实数编码方式，GA 算法采取整数编码方式。图 5.10 和图 5.11 所示分别为不同实验场景下的目标函数值和算法耗时对比。

从图 5.10 和图 5.11 可以看出，不管是优化效果还是算法耗时方面，KBOVNSMA 算法都要优于 PSO 算法和 GA 算法。

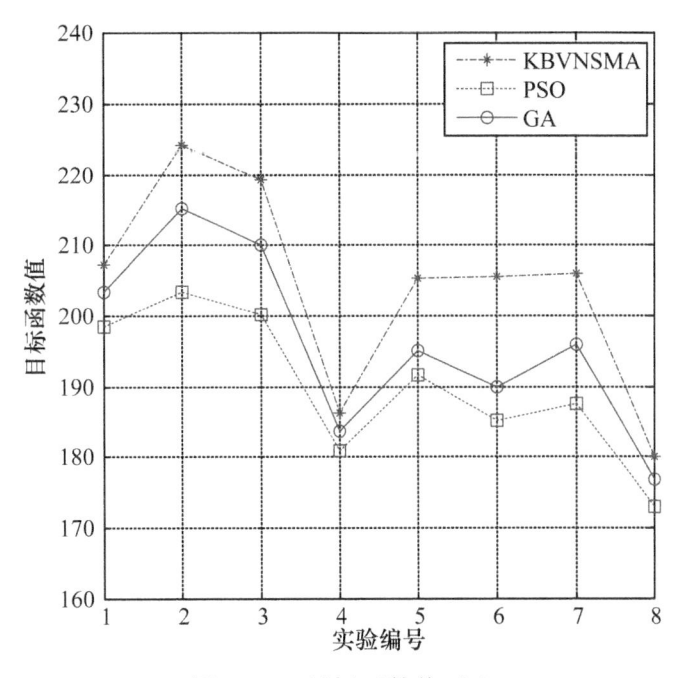

第 5 章 突发事件触发的动态决策分配方法

图 5.10 目标函数值对比

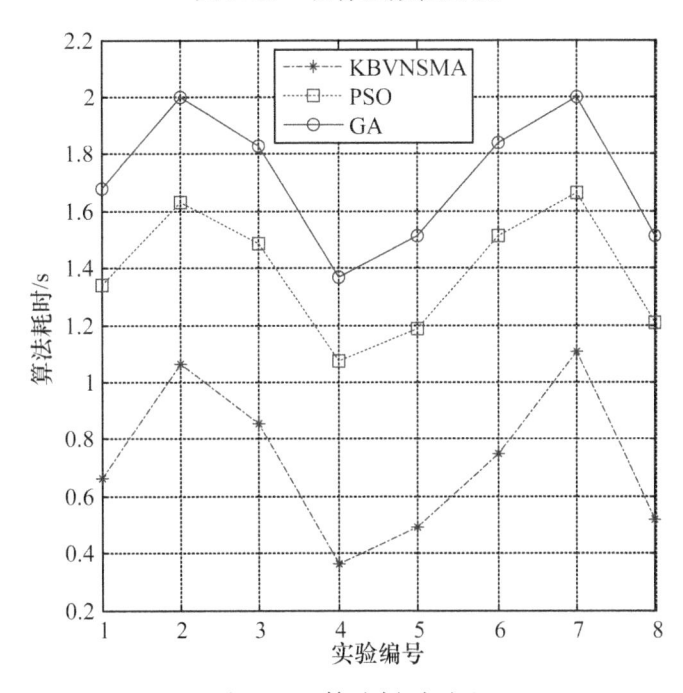

图 5.11 算法耗时对比

5.4.2 决策权限自适应分配

分别以各项属性指标均较高、较低、适中、单个属性指标较低等四种情景 $\{Y_1, Y_2, Y_3, Y_4\}$ 进行验证分析。

各项指标较优：
$$Y_1 = \{[0.90,0.99],[0.80,0.91],[0.85,0.93],\\ [0.91,0.98],[0.89,0.95]\}$$

各项指标较差：
$$Y_2 = \{[0.05,0.12],[0.08,0.14],[0.01,0.13],\\ [0.07,0.17],[0.06,0.15]\}$$

各项指标适中：
$$Y_3 = \{[0.45,0.51],[0.50,0.62],[0.48,0.54],\\ [0.41,0.53],[0.44,0.59]\}$$

某一项指标较差：
$$Y_4 = \{[0.20,0.31],[0.78,0.85],[0.67,0.73],\\ [0.76,0.88],[0.68,0.79]\}$$

假设专家给出的决策矩阵为

$$U = \begin{bmatrix} [0.80,0.90] & [0.90,0.98] & [0.87,0.98] & [0.90,0.95] & [0.86,0.92] \\ [0.60,0.85] & [0.80,0.89] & [0.82,0.90] & [0.80,0.88] & [0.83,0.90] \\ [0.69,0.75] & [0.78,0.83] & [0.78,0.84] & [0.72,0.81] & [0.75,0.80] \\ [0.60,0.70] & [0.70,0.81] & [0.69,0.76] & [0.68,0.78] & [0.69,0.73] \\ [0.56,0.67] & [0.60,0.75] & [0.58,0.71] & [0.60,0.70] & [0.61,0.72] \\ [0.49,0.58] & [0.52,0.69] & [0.49,0.63] & [0.54,0.62] & [0.53,0.68] \\ [0.31,0.47] & [0.35,0.57] & [0.38,0.56] & [0.42,0.55] & [0.40,0.52] \\ [0.21,0.35] & [0.27,0.41] & [0.25,0.42] & [0.31,0.44] & [0.28,0.39] \\ [0.15,0.28] & [0.19,0.30] & [0.12,0.36] & [0.20,0.28] & [0.17,0.22] \\ [0.07,0.19] & [0.05,0.20] & [0.03,0.18] & [0.01,0.19] & [0.06,0.17] \end{bmatrix}$$

第5章 突发事件触发的动态决策分配方法

首先以作战情景 Y_1 为例,采用决策权限自适应分配方法进行决策等级的计算。

第一步,将专家决策矩阵 U 与实际属性值 Y_1 的区间数矩阵进行正态标准化处理,可得

$$\tilde{U} = \begin{bmatrix} [0.850,0.016] & [0.940,0.013] & [0.925,0.018] & [0.925,0.008] & [0.890,0.010] \\ [0.725,0.041] & [0.845,0.015] & [0.860,0.013] & [0.840,0.013] & [0.865,0.012] \\ [0.720,0.010] & [0.805,0.008] & [0.810,0.010] & [0.765,0.015] & [0.775,0.008] \\ [0.650,0.016] & [0.755,0.018] & [0.725,0.012] & [0.730,0.017] & [0.710,0.007] \\ [0.615,0.018] & [0.675,0.025] & [0.645,0.022] & [0.650,0.017] & [0.665,0.018] \\ [0.535,0.015] & [0.605,0.028] & [0.560,0.023] & [0.580,0.013] & [0.605,0.025] \\ [0.390,0.026] & [0.460,0.036] & [0.470,0.030] & [0.485,0.022] & [0.460,0.020] \\ [0.280,0.023] & [0.340,0.023] & [0.335,0.028] & [0.375,0.022] & [0.335,0.018] \\ [0.215,0.021] & [0.245,0.018] & [0.240,0.040] & [0.240,0.013] & [0.195,0.008] \\ [0.130,0.020] & [0.125,0.025] & [0.105,0.025] & [0.100,0.030] & [0.115,0.018] \end{bmatrix}$$

$$\tilde{Y}_1 = \{[0.940,0.015],[0.855,0.018],[0.890,0.013],[0.945,0.012],[0.920,0.010]\}$$

第二步,计算第一种情景下各评估属性的实际区间值与专家所给等级评定建议区间的相似程度,求得交叉熵矩阵为

$$S = \begin{bmatrix} 0.0037, 0.0035, 0.0011, 0.0006, 0.0004 \\ 0.0304, 0.0003, 0.0004, 0.0045, 0.0013 \\ 0.0227, 0.0039, 0.0031, 0.0140, 0.0091 \\ 0.0397, 0.0045, 0.0123, 0.0206, 0.0201 \\ 0.0510, 0.0161, 0.0298, 0.0402, 0.0315 \\ 0.0830, 0.0326, 0.0566, 0.0637, 0.0521 \\ 0.1740, 0.0914, 0.0999, 0.1109, 0.1152 \\ 0.2763, 0.1659, 0.1922, 0.1857, 0.2063 \\ 0.3586, 0.2584, 0.2971, 0.3236, 0.3694 \end{bmatrix}$$

131

第三步,利用 Y_1 均值,计算交叉熵权重

$$[w_1,w_2,w_3,w_4,w_5]=[0.1221,0.3562,0.2352,0.1221,0.1645]$$

第四步,结合权重与交叉熵矩阵计算各等级熵和

$$[v_1,v_2,v_3,v_4,v_5,v_6,v_7,v_8,v_9,v_{10}]=$$
$$[0.0021,0.0047,0.0081,0.0151,0.0290,$$
$$0.0514,0.1098,0.1946,0.3059,0.4945]$$

第五步,按熵和越小等级越优原则对各等级优劣排序

$$D_1>D_2>D_3>D_4>D_5>D_6>D_7>D_8>D_9>D_{10}$$

第六步,根据最优等级确定有人机与无人机之间决策权限的分配,上一步得最优等级为1,故其权限划分为"有人机完成所有决策和操作,无人机不提供任何帮助"。

表5.4 所示为不同场景下各等级熵和,表5.5 所示为不同情景下的等级排序。

表5.4 不同情景下各等级熵和

等级	1	2	3	4	5	6	7	8	9	10
各指标较优	0.002	0.005	0.008	0.015	0.029	0.051	0.110	0.195	0.306	0.495
各指标较差	0.544	0.479	0.434	0.384	0.332	0.275	0.184	0.101	0.042	0.005
各指标适中	0.087	0.063	0.044	0.029	0.015	0.005	0.007	0.029	0.083	0.192
某指标较差	0.207	0.149	0.142	0.108	0.094	0.064	0.026	0.019	0.037	0.086

表5.5 不同情景下的等级排序

情景	等级排序
各项指标较优	$D_1>D_2>D_3>D_4>D_5>D_6>D_7>D_8>D_9>D_{10}$
各项指标较差	$D_{10}>D_9>D_8>D_7>D_6>D_5>D_4>D_3>D_2>D_1$
各项指标适中	$D_6>D_7>D_5>D_4>D_8>D_3>D_2>D_9>D_1>D_{10}$
某项指标较差	$D_8>D_7>D_9>D_6>D_{10}>D_5>D_4>D_3>D_2>D_1$

为了充分发挥有人机指挥决策能力和无人机自主决策能力,在

第5章 突发事件触发的动态决策分配方法

各项属性指标较优时,有人机能对无人机进行有效掌控,此时采用集中式决策方式,无人机能充分执行作战人员的作战意图,高效完成任务。当各项指标不理想或者受到某一项指标较差的限制时,有人机无法实时掌控无人机,此时应当调整决策权限,适当提高无人机自主决策水平,采用混合式甚至分布式的决策方式,以便无人机对战场突发情况快速作出反应,可提高任务完成率。

表5.4给出了四种不同情景下的各等级的熵和,熵和越小,相应等级的匹配程度越高。表5.5对表5.4中的各情景熵和由小到大进行了排序,即对其匹配程度由优到劣进行了排序。从表5.5得出以下结果,在各项指标较优的情况下,等级1的熵和最小,反映了实际属性值与等级1的专家建议值最匹配,应当采用完全集中式决策,即"有人机完成所有决策和操作,无人机不提供任何帮助"。各项指标较差时等级10熵和最小,最为匹配,应采用完全分布式决策,即"无人机决策所有工作,无需有人机的干预"。当各项指标适中时,应采用等级6的混合式决策,即"在无人机自动执行前,有人机可在有限时间内否决"。当某一项指标较低时,采用等级8的偏分布式混合决策,即"如果有人机提出需求,则无人机将决策结果告知有人机"。

第6章 平台编成与任务执行计划适应性调整方法

有人/无人机协同作战过程中,由于战场环境不确定性和作战双方的对抗性,平台(无人机)失效、目标变更、突发威胁和无人机自主攻击决策困难等战场突发事件将导致协同作战体系无法按照预先任务执行计划执行相应作战任务[44]。此时,需要对任务执行计划乃至平台编成计划进行适应性演化,从而以最小代价最大程度保证协同作战体系任务执行效能。对有人/无人机协同作战体系的平台编成计划和任务执行计划进行适应性设计,是保证作战资源高效配置、合理调度的关键,也是实现有人/无人机协同敏捷作战的重要基础。

6.1 计划调整分析

有人/无人机协同作战平台编成计划与任务执行计划适应性调整,是根据预先战场环境、任务需求和平台属性信息,科学合理地设计相适应的平台编成、任务执行模型和方法,并根据战场环境、任务需求和平台属性的动态变化,适时适度地调整相应计划。

6.1.1 相关研究情况

有人/无人机协同作战平台编成计划和任务执行计划适应性设计问题,在不同设计阶段,有不同设计要求:在生成阶段,强调设计方

第6章 平台编成与任务执行计划适应性调整方法

案生成的最优性;在演化阶段,强调设计方案演化的时效性。有人/无人机协同作战平台编成和任务执行计划适应性演化的本质是根据战场态势变化改变作战平台部署方案,不同的演化思想或演化方法会导致平台部署方案变更效果不同。

平台编成和任务执行计划适应性演化思想分类,主要包括系统重构和局部调整两类。前者是指在战场突发事件发生时,协同作战体系将原有战场信息和突发战场信息(两者合称为当前战场信息)作为输入信息,不考虑预先平台编成和任务执行计划,从无到有地重新进行适应当前战场信息的计划生成,而后者是在考虑预先平台编成和任务执行计划基础上,在其解邻域范围内进行局部拓展搜索,从有到优(这里的"有"是相对于原有战场信息而言)地进行适应突发战场信息的计划生成。

Levchuk 等人[45]基于系统重构思想,对战役级任务执行计划适应性演化问题开展了相应研究,但由于涉及重构规模较大,演化的耗时和成本较高。姚佩阳等人[46]在研究空中作战编组动态任务计划问题时,针对系统重构的缺陷,引入模型预测控制(Model Predictive Control, MPC)中的滚动时域思想,设计适应突发事件特征的预测和滚动窗口,将静态大规模优化问题转化为动态小规模优化问题,从而提高问题求解时效性。

孙昱等人[47]基于局部调整思想,针对战场作战资源适应性调度问题,区分需要和不需进行重调度两类任务类型,建立含区间参数的规划模型,采用混合贪心策略进行求解,并在仿真实验部分验证了方法具有较强的时效性和稳定性。Evers 等人[48]针对无人机执行过程中出现的突发时敏目标,对随机定向问题(Stochastic Orienteering Problem, SOP)进行拓展,构建了带时间窗的 SOP 模型,并采用多项式时间算法进行求解。

6.1.2 建模基础分析

为占据作战主动权,要求协同作战体系具有适应战场态势瞬息变化的能力,这也是空中作战敏捷性的应有之义。首先分析战场突发事件类型。

(1) 目标变更。作战过程中,目标变更主要包含目标新增和目标取消两类,一般而言,仅考虑目标新增对任务执行产生的影响,有人/无人机协同作战体系需要对新增目标分配无人机进行执行。

(2) 平台失效。平台失效包括平台故障和平台损毁两种情况,这里的平台主要是指无人机,当平台失效事件对任务执行产生影响时,平台不能执行原先被分配的未完成作战任务。

(3) 突发威胁。作战过程中,突发战场威胁造成无人机航行时间增加,间接导致任务完成总时间发生变化。

(4) 无人机自主攻击决策困难。无人机自主决策困难会导致两种结果,一种是最终仍然进行攻击,但间接造成任务处理时间增加;一种是无法攻击,需要其他无人机进行攻击任务执行。

对于后两种突发事件对任务执行的影响,可以等效为参数变化突发事件:突发威胁可等效为任务处理时间参数发生变化;无人机自主攻击决策第一种结果可等效为任务处理时间参数发生变化,第二种结果可等效为平台资源参数发生变化,即原执行攻击任务无人机攻击资源变化为0。

而参数变化突发事件可以转化为目标新增和平台失效两类突发事件:

(1) 当任务 T_l 参数发生变化时,记参数变化后的该任务为 T'_l,然后视对应目标的任务 T_l 取消,而增加只需执行任务 T'_l 的新目标;

(2) 当平台 U_j 参数发生变化时,将所有 U_j 执行的未完成任务视

第6章 平台编成与任务执行计划适应性调整方法

作对相应新增目标需执行任务，U_j 被看作失效，参数变化后的平台记作 U'_j，作为可用平台参与任务执行计划调整过程。

因此，突发事件集合可以归纳为目标新增、平台失效两类，当发生战场突发事件时，在分析突发事件对任务执行影响基础上，需要判断是否对平台编成和任务执行计划进行相应调整，主要包括两种情况：第一种仅需对任务执行计划进行调整，第二种需对平台编成和任务执行计划均进行调整。下面进行具体分析。

同样以目标簇 C_m 为例，在出现突发事件时，需要进行下述调整策略：首先，判断是否为目标新增，若是，假设存在新增目标并入目标簇 C_m，即对 X^{G-C} 调整得到新的 $X^{G-C'}$，其中，S_T' 为目标新增后的目标集合。然后，对 C_m 内由于目标新增、参数变化造成的任务资源需求变化和平台失效、参数变化造成的无人机资源能力变化进行分析，若变化后的任务资源需求超出目标簇内所有无人机资源能力，则对平台编成和任务执行计划均需进行调整；反之，则只需进行任务执行计划调整。对平台编成和任务执行计划调整是指，匹配目标簇 C_m 的无人机资源能力不能满足任务资源需求的有人/无人机作战编组，需要首先向匹配其他目标簇的有人/无人机编组申请无人机支援，然后整合自有无人机和可支援无人机两类无人机平台，进行任务执行计划重新设计。

图 6.1 所示为有人/无人机平台编成和任务执行计划调整流程。其中，任务执行计划调整是指仅对特定有人/无人机作战编组内的任务执行计划进行调整，平台编成和任务执行计划调整是指在对特定有人/无人机作战编组内的任务执行计划进行调整前，由于编组内无人机作战资源不足，首先需要向其他作战编组进行无人机支援申请，即对平台编成计划进行调整。为了区分两种情况，将仅对任务执行计划进行调整称为编组内部协调，将对平台编成和任务执行计划进行同时调整称为编组外部协作。

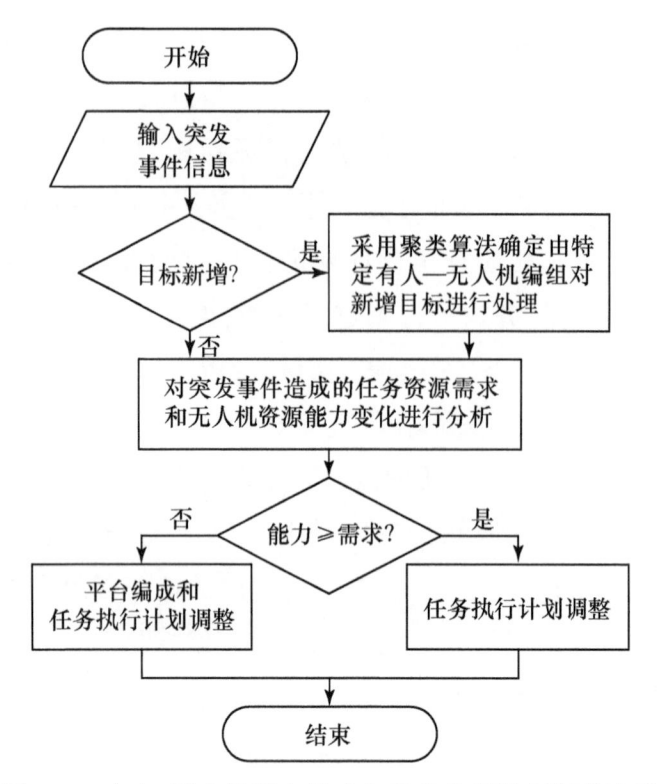

图 6.1 有人/无人机平台编成和任务执行计划调整流程

6.2 计划调整建模

C_m 内原任务集合为 $S_T^m = \{T_l \mid x_{lm}^{T-C} = 1, 1 \leq l \leq L_m\}$，可用无人机集合为 $S_U^m = \{U_j \mid x_{jm}^{U-C} = 1, 1 \leq j \leq J_m\}$；若在作战过程中某时刻，出现突发事件，需执行任务集合变更为 $S_T' = \{T_1, T_2, \cdots, T_{L'}\}$，无人机集合变更为 $S_U' = \{U_1, U_2, \cdots, U_{J'}\}$，需对突发事件涉及的相关关系矩阵进行相应调整，得到 $\boldsymbol{X}^{T-C}{}'$ 和 $\boldsymbol{X}^{U-C}{}'$。对 C_m，以仅调整任务执行计划为例，任务和无人机集合变更为 $S_T^{m'} = \{T_{l'} \mid x_{l'm}^{T-C} = 1, 1 \leq l' \leq L_m'\}$ 和 $S_U^{m'} = \{U_{j'} \mid x_{j'm}^{U-C} = 1, 1 \leq j' \leq J_m'\}$。

需要说明的是,这里的任务集合变更不仅包括目标新增,平台失效造成任务无法完成这种情况也会导致任务集合变更,即对于 $\forall l(1 \leq l \leq I_m)$, $\exists l'(1 \leq l' \leq L'_m)$, T_l 和 $T_{l'}$ 为对同一目标执行的同一任务,只是由于平台失效,该任务已无法正常完成。则在初始时刻,对任务集合中每个任务 T_l 写入标签 $\Gamma(T_l)=0$,一旦出现上述情况使得 T_l 无法正常完成,则令 $\Gamma(T_l)=1$ 。

考虑到平台编成和任务执行计划调整的时效性要求较高,且对原方案进行大规模重构,可能造成计划结构稳定性不足,因此,主要对平台编成和任务执行计划进行局部调整。对于目标簇 C_m ,其主要为两类任务进行任务重调度:第 1 类为新增任务,即 $\Delta S_T^m = S_T^{m'} \setminus S_T^m$;第 2 类为平台失效造成无法正常完成的任务,即 $\nabla S_T^m = \{T_l | T_l = T_{l'}, \Gamma(T_l)=1\}$ 。则不需进行任务执行计划调整的任务为 $\diamond S_T^m = S_T^m \setminus \nabla S_T^m$ 。

6.2.1 编组内部协调模型

以对 C_m 内任务执行计划调整为例,需对 $\boldsymbol{X}^{U-T}$ 和 $\boldsymbol{Y}^{U-T-T}$ 进行调整,生成新的 $\boldsymbol{X}^{U-T'}$ 和 $\boldsymbol{Y}^{U-T-T'}$ 。任务执行计划调整目标函数与任务执行计划生成目标函数相同,即使得 C_m 内任务完成总时间 FC_m 最小。

约束条件方面,对于不需进行执行计划调整的任务集合 $\diamond S_T^m$,其无人机执行方案保持不变,即有

$$x_{j'l'}^{U-T} = x_{jl}^{U-T}, \quad \begin{cases} 1 \leq j' \leq J'_m, 1 \leq l' \leq L'_m, T_{l'} \in \diamond S_T^m \\ 1 \leq j \leq J_m, 1 \leq l \leq L_m, T_l = T_{l'} \end{cases} \quad (6.1)$$

对于需要进行执行计划调整的任务集合 $\Delta S_T^m \cup \nabla S_T^m$,其无人机执行方案需要重新进行设计,即有

$$x_{j'l'}^{U-T} \in \{0,1\}, \quad \begin{cases} 1 \leq j' \leq J'_m \\ 1 \leq l' \leq L'_m, T_{l'} \in \Delta S_T^m \cup \nabla S_T^m \end{cases} \quad (6.2)$$

此外,在计划调整模型中,仍然需要满足任务执行计划生成中的一系列约束条件,记为 Con_m。由此,建立编组内部协调模型为

$$\min FC_m$$

$$\text{s. t.} \begin{cases} x_{j'l'}^{U-T} = x_{jl}^{U-T}, & \begin{cases} 1 \leqslant j' \leqslant J'_m, 1 \leqslant l' \leqslant L'_m, T_{l'} \in \Diamond S_T^m \\ 1 \leqslant j \leqslant J_m, 1 \leqslant l \leqslant L_m, T_l = T_{l'} \end{cases} \\ Con_m \\ x_{j'l'}^{U-T} \in \{0,1\}, & \begin{cases} 1 \leqslant j' \leqslant J'_m \\ 1 \leqslant l' \leqslant L'_m, T_{l'} \in \Delta S_T^m \cup \nabla S_T^m \end{cases} \end{cases} \quad (6.3)$$

6.2.2 编组外部协作模型

当突发事件发生时,在载入相关战场信息后,如果 C_m 依靠自身平台资源能力无法处理突发事件,则需要通过一定信息交互机制向其他有人/无人机作战编队申请无人机平台支援。图 6.2 所示为有

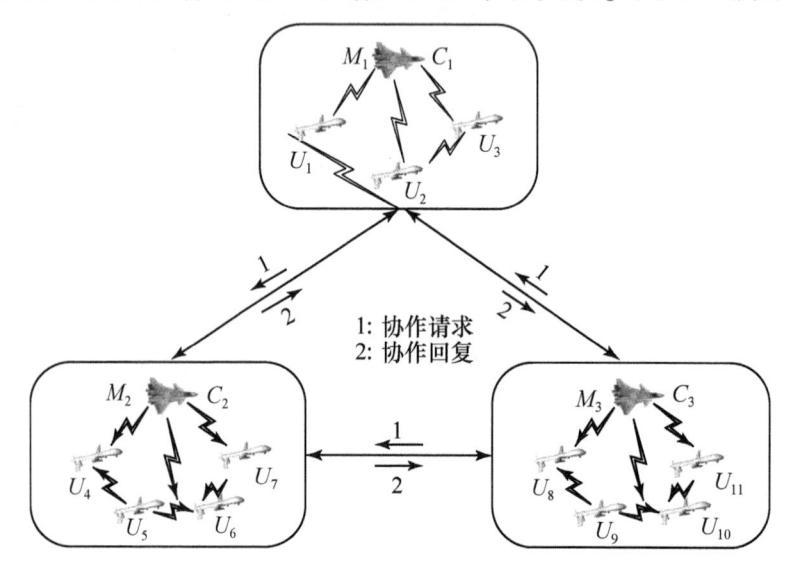

图 6.2 有人/无人机作战编组信息交互关系

第6章 平台编成与任务执行计划适应性调整方法

人/无人机作战编队信息交互关系。

平台编成和任务执行计划先后调整,即需对X^{U-C}、X^{U-T}和Y^{U-T-T}进行调整,得到新的$X^{U-C'}$、$X^{U-T'}$和$Y^{U-T-T'}$。其过程具体可分为两个步骤:步骤1为确定可支援无人机集合;步骤2为整合两类无人机平台,进行任务执行计划动态调整。

(1) 对于步骤1,以执行$C_{m'}(m' \neq m)$内作战任务的有人/无人机作战编组(记为$B_{m'}$)为例,通过作战编组间信息交互,获得$C_{m'}$内突发事件信息,主要包括突发事件发生时刻、突发事件种类、突发事件数量、空缺资源种类、空缺资源数量等。

基于这些信息,$B_{m'}$按照"满足自身作战资源需求条件下尽力支援"的原则,确定能够派出的可支援无人机集合$S_{\text{CSU}}^{m'}$,则派出可支援无人机后,$B_{m'}$的可用无人机集合为$S_U^{m'} = S_U^{m'} \setminus S_{\text{CSU}}^{m'}$;受援作战编组$B_m$整合各编组可支援无人机,确定可支援无人机集合为$S_{\text{CSU}}^m = S_{\text{CSU}}^1 \cup S_{\text{CSU}}^2 \cup \cdots \cup S_{\text{CSU}}^{m'} \cup \cdots \cup S_{\text{CSU}}^M$,则编组内可用无人机集合为$S_U^{m'} = S_U^m \cup S_{\text{CSU}}^m$。

(2) 对于步骤2,B_m在整合自身和其他编组可支援两类无人机平台进行任务执行计划调整过程中,优化目标主要包括两个:第1个目标是使得需支援无人机数量SN_m最小,从而有效减小对其他支援有人/无人机作战编组的影响,并尽可能地满足受援作战编组内有人机的指控能力约束;第2个目标是使得调整后C_m内任务完成总时间FC_m最小。

与一般多目标优化问题有所区别的是,编组外部协作问题的两个优化目标并不是同等重要的。由于第1个优化目标与作战约束条件耦合,因此,其优化重要度要高于第2个优化目标。

约束条件方面,对于受援有人/无人机作战编组B_m,指挥控制的无人机数量必须不大于作战编组内所有有人机的指控能力,即有

$$\sum_{i=1}^{I} x_{im}^{M-C} \alpha_i \geq \sum_{j=1}^{J'_m} x_{j'l'}^{U-T}, \quad 1 \leq l' \leq L'_m \qquad (6.4)$$

为保证需支援无人机数量SN_m尽可能地小,需支援无人机不执行不需变更执行计划的任务集合$\diamond S_T^m$,即有

$$x_{j'l'}^{U-T} = 0, \quad \begin{cases} 1 \leqslant j' \leqslant J'_m, U_{j'} \in S_{CSU}^m \\ 1 \leqslant l' \leqslant L'_m, T_{l'} \in \diamond S_T^m \end{cases} \quad (6.5)$$

对于不需进行执行计划调整的任务集合$\diamond S_T^m$,其无人机执行计划保持不变,即

$$x_{j'l'}^{U-T} = x_{jl}^{U-T}, \quad \begin{cases} 1 \leqslant j' \leqslant J'_m, 1 \leqslant l' \leqslant L'_m, T_{l'} \in \diamond S_T^m \\ 1 \leqslant j \leqslant J_m, 1 \leqslant l \leqslant L_m, T_l = T_{l'} \end{cases} \quad (6.6)$$

对于需要进行执行计划调整的任务集合$\Delta S_T^m \cup \nabla S_T^m$,其无人机执行计划需要重新进行设计,即

$$x_{j'l'}^{U-T} \in \{0,1\}, \quad \begin{cases} 1 \leqslant j' \leqslant J'_m \\ 1 \leqslant l' \leqslant L'_m, T_{l'} \in \Delta S_T^m \cup \nabla S_T^m \end{cases} \quad (6.7)$$

此外,在计划调整模型中,仍然需要满足任务执行计划生成中的一系列约束条件,记为Con_m。由此,建立编组外部协作模型为

$\min(SN_m, FC_m)$

$$\text{s. t.} \begin{cases} \mathrm{Con}_m \\ \sum_{i=1}^{I} x_{im}^{M-C} \alpha_i \geqslant \sum_{j=1}^{J'_m} x_{j'l'}^{U-T}, & 1 \leqslant l' \leqslant L'_m \\ x_{j'l'}^{U-T} = 0, & \begin{cases} 1 \leqslant j' \leqslant J'_m, U_{j'} \in S_{CSU}^m \\ 1 \leqslant l' \leqslant L'_m, T_{l'} \in \diamond S_T^m \end{cases} \\ x_{j'l'}^{U-T} = x_{jl}^{U-T}, & \begin{cases} 1 \leqslant j' \leqslant J'_m, 1 \leqslant l' \leqslant L'_m, T_{l'} \in \diamond S_T^m \\ 1 \leqslant j \leqslant J_m, 1 \leqslant l \leqslant L_m, T_l = T_{l'} \end{cases} \\ x_{j'l'}^{U-T} \in \{0,1\}, & \begin{cases} 1 \leqslant j' \leqslant J'_m \\ 1 \leqslant l' \leqslant L'_m, T_{l'} \in \Delta S_T^m \cup \nabla S_T^m \end{cases} \end{cases}$

$$(6.8)$$

6.3 模型求解算法

在求解在线重规划问题时,求解算法时效性和稳定性比求解质量更重要。因此,智能优化算法并不适于求解式(6.3)和式(6.8)。提出具有良好实时特性的 GS 算法和 TSGS 算法,分别用于求解式(6.3)和式(6.8),由于 GS 算法和 TSGS 算法均为确定性算法,算法稳定性能够得到保证。

6.3.1 编组内部协调模型求解算法

GS 算法中,对于不需变更执行计划任务,其无人机执行方案不变;对于需变更执行计划任务,以可用资源为输入信息,设计相应执行方案。具体步骤如下。

步骤 1 参数初始化,令 C_m 内可用资源向量为自身无人机初始资源向量之和减去不需进行执行计划调整任务资源向量之和,记为 $\boldsymbol{R}_m^{\text{usable}} = [r_{m1}^{\text{usable}}, r_{m2}^{\text{usable}}, \cdots, r_{mN}^{\text{usable}}]$,令 $T_{\text{ready}} = \Delta S_T^m \cup \nabla S_T^m$。

步骤 2 建立模型初始解,令其为 $\boldsymbol{X}_1^{U-T} = (x_{j'l'}^{U-T})_{S_U^m \times S_T^m}$。其中,若 $T_{l'}$ 为需进行执行计划调整的任务,即满足 $T_{l'} \in \Delta S_T^m \cup \nabla S_T^m$,则令相应位置的决策变量 $x_{j'l'}^{U-T} = 1$;若 $T_{l'}$ 为不需进行执行计划调整的任务,即满足 $T_{l'} \in \Diamond S_T^m$,则令相应位置的决策变量 $x_{j'l'}^{U-T} = x_{jl}^{U-T}$。因此,对于第 1 个需进行执行计划调整的任务,其可用资源为 $\boldsymbol{R}_m^{\text{usable}}$;对于第 2 个需进行执行计划调整的任务,其可用资源为 $\boldsymbol{R}_m^{\text{usable}}$ 减去第 1 个需进行执行计划调整任务的资源需求;以此类推,可知所有需进行执行计划调整任务的可用资源。记模型当前解为 $\boldsymbol{X}_{\text{current}}^{U-T}$,令 $\boldsymbol{X}_{\text{current}}^{U-T} = \boldsymbol{X}_1^{U-T}$。

步骤 3 对 $\boldsymbol{X}_1^{U-T}$,选取满足 $(T_{l'} \in \Delta S_T^m \cup \nabla S_T^m) \cap (x_{j'l'}^{U-T} = 1) = 1$ 的

元素,试探性地将其置 0。若置 0 后所有需进行执行计划调整任务的资源需求仍能满足,记录相应元素置 0 后的目标函数值;反之,令 $T_{\text{ready}} = T_{\text{ready}} \backslash T_{l'}$。

步骤 4 判断将何元素置 0 后的目标函数值最小,并将其对应解记为 X_2^{U-T},令 $X_{\text{current}}^{U-T} = X_2^{U-T}$,并依次更新所有需进行执行计划调整任务的可用资源。

步骤 5 判断 T_{ready} 是否为空集,若是,则输出最终解 $X^{U-T} = X_{\text{current}}^{U-T}$;反之,返回步骤 3。

根据 GS 算法具体流程,可以得到 GS 算法的时间复杂度为 $O(|T_{\text{ready}}|^2 \cdot |S_U^{m'}|^2)$,其中,$|T_{\text{ready}}|$ 为集合 T_{ready} 中的元素数量,$|S_U^{m'}|$ 为集合 $S_U^{m'}$ 中的元素数量。

6.3.2 编组外部协作模型求解算法

步骤 1 参数初始化,令 C_m 内可用资源向量为所有可用无人机(自身无人机和可支援无人机)初始资源向量之和减去不需进行执行计划调整任务资源向量之和,记为 $\boldsymbol{R}_m^{\text{usable}} = [r_{m1}^{\text{usable}}, r_{m2}^{\text{usable}}, \cdots, r_{mN}^{\text{usable}}]$,令 $T_{\text{ready}} = \Delta S_T^m \cup \nabla S_T^m$。

步骤 2 建立模型初始解,令其为 $\boldsymbol{X}_3^{U-T} = (x_{j'l'}^{U-T})_{S_U^{m'} \times S_T^{m'}}$。其中,若 $T_{l'}$ 为不需进行执行计划调整的任务,且 $U_{j'}$ 平台类型为可支援无人机,即满足 $T_{l'} \in \diamond S_T^m$ 且 $U_{j'} \in S_{\text{CSU}}^m$,则令相应位置的决策变量 $x_{j'l'}^{U-T} = 0$;若 $T_{l'}$ 为需进行执行计划调整的任务,即满足 $T_{l'} \in \Delta S_T^m \cup \nabla S_T^m$,则令相应位置的决策变量 $x_{j'l'}^{U-T} = 1$;若 $T_{l'}$ 为不需进行执行计划调整的任务,即满足 $T_{l'} \in \diamond S_T^m$,则保持原计划不变,令相应位置的决策变量 $x_{j'l'}^{U-T} = x_{jl}^{U-T}$。因此,对于第 1 个需进行执行计划调整的任务,其可用资源为 $\boldsymbol{R}_m^{\text{usable}}$;对于第 2 个需进行执行计划调整的任务,其可用资源为 $\boldsymbol{R}_m^{\text{usable}}$ 减去第 1 个需进

行执行计划调整任务的资源需求;以此类推,可知所有需进行执行计划调整任务的可用资源。记模型当前解为 X_{current}^{U-T},令 $X_{\text{current}}^{U-T}=X_3^{U-T}$。

步骤3 对矩阵 X_3^{U-T},选取满足 $(T_{l'}\in \Delta S_T^m \cup \nabla S_T^m)\cap(U_{j'}\in S_{\text{CSU}}^m)$ $\cap(x_{j'l'}^{U-T}=1)=1$ 的元素,试探性地将其置0。若置0后所有需进行执行计划调整任务的资源需求仍能满足,则记录相应元素置0后的目标函数值和对应解;反之,令 $T_{\text{ready}}=T_{\text{ready}}\setminus T_{l'}$。

步骤4 判断将何元素置0后的目标函数值最小,并将其对应解记为 X_4^{U-T},令 $X_{\text{current}}^{U-T}=X_4^{U-T}$,并依次更新所有需进行执行计划调整任务的可用资源。

步骤5 判断 T_{ready} 是否为空,若是,得到中间解 X_4^{U-T};若否,返回步骤3。

步骤6 通过步骤1~步骤5,确定最小需支援无人机数量 SN_m,整合自身无人机和需支援无人机资源,并依次更新所有需进行执行计划调整任务的可用资源。

步骤7 以 X_4^{U-T} 为初始解,采用 GS 算法得到 $X_{\text{current}}^{U-T}=X_5^{U-T}$,并输出最终解 $X^{U-T}=X_{\text{current}}^{U-T}$。

根据 TSGS 算法具体流程,可以得到 TSGS 算法的时间复杂度为 $O(|T_{\text{ready}}|^2\cdot(|S_{\text{CSU}}^m|^2+|S_U^{m'}|^2))$,其中,$|T_{\text{ready}}|$ 为集合 T_{ready} 中的元素数量,$|S_{\text{CSU}}^m|$ 为集合 S_{CSU}^m 中的元素数量,$|S_U^{m'}|$ 为集合 $S_U^{m'}$ 中的元素数量。

6.4 具体案例分析

在 CPU 配置为 Intel(R) Dual-Core 3.06GHz 的 Lenovo 计算机上使用 MATLAB 2019b 仿真软件,对平台编成和任务执行计划调整方法进行四组仿真实验。

6.4.1 实验案例设定

为验证 GS 算法和 TSGS 算法的有效性和优越性,设置仿真实验如下:第 1 组仿真实验验证 GS 算法有效性,即在特定场景下生成典型解;第 2 组仿真实验验证 GS 算法优越性,将其与 CHIDPSO 算法、WLIDPSO 算法进行对比;第 3 组仿真实验验证 TSGS 算法有效性,即在特定场景下生成典型解;第 4 组仿真实验验证 TSGS 算法优越性,将其与约束处理改进多目标离散粒子群(Constraints Handling Improved Multi-objective Discrete Particle Swarm Optimization, CHIMO-DPSO)算法、加权长度改进多目标离散粒子群(Weighted Length Improved Multi-objective Discrete Particle Swarm Optimization, WLIMO-DPSO)算法进行对比。

以 C_2 为例,以预先生成任务执行计划作为输入信息,若在突发事件发生时刻,遭遇目标新增、平台失效等突发事件。其中,新增目标和失效平台数量在区间[1,2]内随机分布,新增目标的任务处理时间在区间[7,15]内随机分布,位置在原目标围合矩形区域内随机分布。表 6.1 所示为 C_1、C_3、C_4、C_5 的任务执行计划。

表 6.1 C_1、C_3、C_4、C_5 内的任务执行计划

C	U	执行任务	完成时间
C_1	U_{19}	$T_{83} \to T_{92}$	97.5833
	U_{20}	T_{56}	
	U_{32}	$T_4 \to T_{25} \to T_{26} \to T_{55} \to T_{73} \to T_{82} \to T_{91} \to T_{92} \to T_{93}$	
	U_{34}	$T_{83} \to T_{92} \to T_8 \to T_9 \to T_{27} \to T_{74} \to T_{75} \to T_{84}$	
	U_{39}	$T_7 \to T_5 \to T_6 \to T_{56} \to T_{57} \to T_{93}$	
C_3	U_8	T_{60}	130.8373
	U_{10}	T_{35}	
	U_{11}	T_{47}	

续表

C	U	执行任务	完成时间
C_3	U_{24}	$T_{60} \to T_{89} \to T_{47} \to T_{72}$	130.8373
	U_{26}	$T_{58} \to T_{85} \to T_{88} \to T_{36} \to T_{87} \to T_{90} \to T_{48}$	
	U_{36}	$T_{34} \to T_{46} \to T_{59} \to T_{60} \to T_{86} \to T_{70} \to T_{71} \to T_{72}$	
C_4	U_{17}	T_{17}	92.2690
	U_{18}	$T_{17} \to T_{44}$	
	U_{23}	$T_{13} \to T_{14} \to T_{50} \to T_{51} \to T_{18}$	
	U_{28}	$T_{16} \to T_{22} \to T_{23} \to T_{24} \to T_{18}$	
	U_{29}	$T_{49} \to T_{67} \to T_{43} \to T_{24} \to T_{15}$	
	U_{38}	$T_{68} \to T_{69} \to T_{51} \to T_{45}$	
C_5	U_3	T_3	182.7514
	U_{15}	$T_{65} \to T_{38} \to T_2 \to T_3$	
	U_{27}	$T_{28} \to T_{31} \to T_{37} \to T_{52} \to T_{64} \to T_{76} \to T_{54} \to T_{66} \to T_{30} \to T_{33} \to T_{39} \to T_3$	
	U_{33}	$T_{32} \to T_{77} \to T_3$	
	U_{40}	$T_1 \to T_{29} \to T_{53} \to T_{76} \to T_{78} \to T_3$	

6.4.2 实验结果分析

仿真实验1 为验证 GS 算法的有效性,设置典型实验参数。记突发事件出现时刻为 50;损毁无人机平台数量 1 架,为 U_6;突发目标数量 1 个,记为 T_{33},坐标为(9.67,88.05),该目标作战任务需处理时间分别为 10、14、11,资源需求为

$$\begin{bmatrix} 0 & 2 & 0 & 0 & 0 & 0 & 0 & 0 \\ 0 & 0 & 1 & 0 & 0 & 1 & 0 & 0 \\ 0 & 0 & 0 & 0 & 0 & 0 & 1 & 1 \end{bmatrix}$$

采用 GS 算法生成调整后的任务执行计划,运行 50 次取平均值,算法耗时为 0.0977s,任务完成总时间为 191.0399。表 6.2 所示为调整后的任务执行计划。

表 6.2 调整后的任务执行计划

U	任务执行计划
U_4	$T_{94} \to T_{61} \to T_{79} \to T_{40} \to T_{81}$
U_6	/
U_9	$T_{94} \to T_{10} \to T_{97} \to T_{79} \to T_{40} \to T_{81} \to T_{12}$
U_{13}	$T_{11} \to T_{98} \to T_{41}$
U_{14}	T_{41}
U_{22}	$T_{61} \to T_{62} \to T_{19} \to T_{20} \to T_{80}$
U_{31}	/
U_{35}	$T_{95} \to T_{61} \to T_{97} \to T_{99} \to T_{21} \to T_{12}$
U_{37}	$T_{96} \to T_{19} \to T_{63} \to T_{42}$

仿真实验 2 为验证 GS 算法的优越性,将 GS 算法与对比算法进行对比。随机进行 8 组实验,当对比算法运行结果优于 GS 算法解时,停止仿真并记录时间,运行 50 次取平均值。图 6.3 所示为各算法在 8 组实验下的算法耗时。

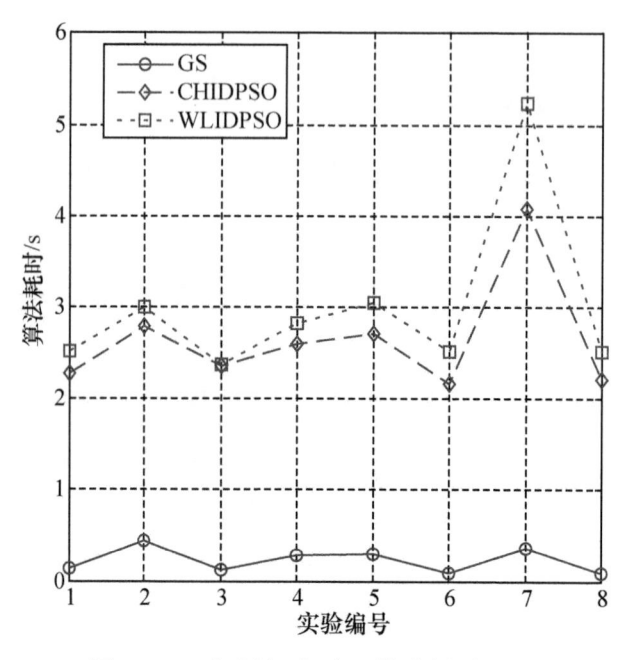

图 6.3 8 组随机实验下算法耗时对比

第6章 平台编成与任务执行计划适应性调整方法

为分析各对比算法耗时受突发事件出现时刻影响情况,分别设置在仿真时间 20、30、40、50、60、70 和 80 时出现突发事件。图 6.4 所示为各对比算法在不同突发事件出现时刻下的计划调整算法耗时,各算法分别运行 50 次取平均值。图 6.5 所示为某时刻出现突发事件下各算法运行 50 次的算法耗时对比。

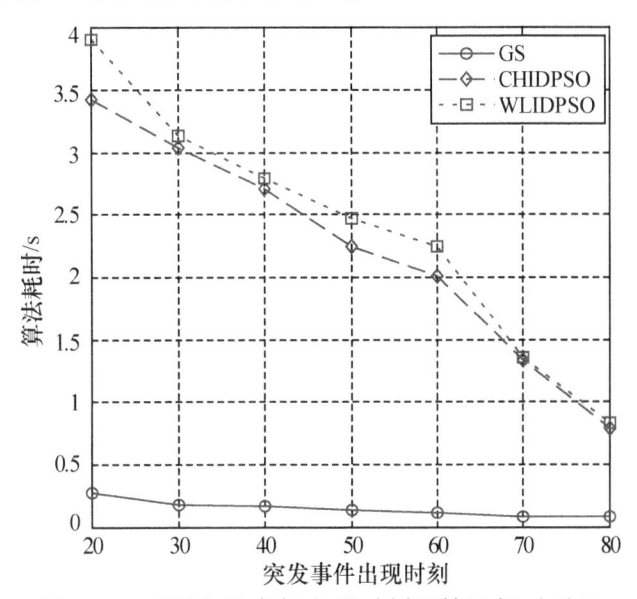

图 6.4 不同突发事件出现时刻下算法耗时对比

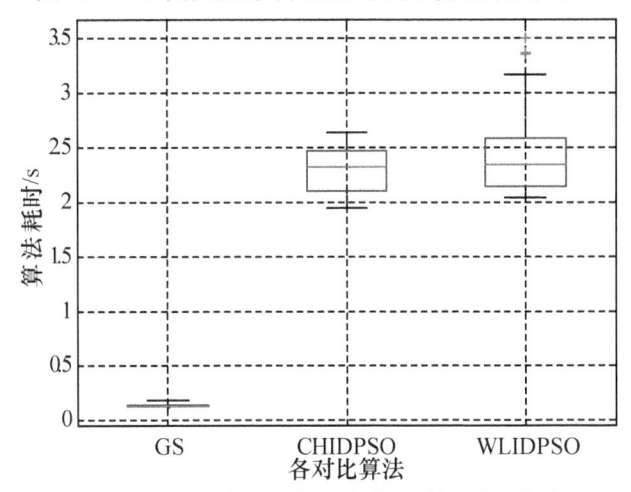

图 6.5 某时刻出现突发事件下算法耗时对比

从图 6.4 和图 6.5 可以看出,不管是在算法时效性还是算法稳定性方面,GS 算法都较 CHIDPSO 算法和 WLIDPSO 算法为优,验证了 GS 算法的优越性。

仿真实验 3　为验证 TSGS 算法的有效性,设置典型突发事件下的各实验参数。记突发事件出现时刻为 20;损毁无人机平台数量 2 架,分别为 U_9 和 U_{13};突发目标数量为 2 个,记为 T_{33} 和 T_{34},位置坐标为 (38.92,86.25)、(27.69,91.29),T_{33} 和 T_{34} 的作战任务需处理时间分别为 11、12、8 和 9、13、7,任务所需资源需求为

$$\begin{bmatrix} 0 & 2 & 0 & 0 & 0 & 0 & 0 & 0 \\ 0 & 0 & 2 & 2 & 0 & 1 & 0 & 0 \\ 0 & 0 & 0 & 0 & 0 & 0 & 1 & 1 \\ 1 & 1 & 0 & 0 & 0 & 0 & 0 & 0 \\ 0 & 0 & 1 & 2 & 1 & 1 & 0 & 0 \\ 0 & 0 & 0 & 0 & 0 & 0 & 0 & 1 \end{bmatrix}$$

则可支援无人机数量为 5 架,分别为 C_3 内的 U_{10}、U_{11},C_4 内的 U_{28}、U_{29},C_5 内的 U_{40},突发事件出现时各可支援无人机可用资源向量和位置向量分别为

$$\begin{bmatrix} 0 & 0 & 4 & 1 & 3 & 2 & 0 & 0 \\ 0 & 0 & 2 & 2 & 0 & 0 & 0 & 0 \\ 2 & 4 & 4 & 1 & 0 & 2 & 1 & 1 \\ 4 & 3 & 0 & 1 & 3 & 0 & 0 & 2 \\ 2 & 0 & 4 & 1 & 1 & 1 & 0 & 4 \end{bmatrix} \quad \begin{bmatrix} 19.31 & 37.73 \\ 25.53 & 46.33 \\ 79.46 & 79.22 \\ 56.28 & 69.85 \\ 28.04 & 18.31 \end{bmatrix}$$

运行 50 次取平均值,TSGS 算法平均耗时为 2.8762,任务完成总时间为 313.8607,需支援无人机为 U_{11}、U_{29}、U_{40}。表 6.3 所示为调整后的任务执行计划。

第6章 平台编成与任务执行计划适应性调整方法

表 6.3 调整后的任务执行计划

U	任务执行计划
U_4	$T_{79} \to T_{94} \to T_{96} \to T_{61} \to T_{19}$
U_6	$T_{79} \to T_{97} \to T_{61} \to T_{19} \to T_{63} \to T_{102}$
U_9	/
U_{13}	/
U_{14}	$T_{95} \to T_{98} \to T_{20}$
U_{22}	$T_{94} \to T_{10} \to T_{11} \to T_{62} \to T_{20}$
U_{31}	$T_{95} \to T_{101} \to T_{20}$
U_{35}	$T_{97} \to T_{101} \to T_{99} \to T_{12} \to T_{19} \to T_{20} \to T_{102}$
U_{37}	$T_{81} \to T_{10} \to T_{61} \to T_{42} \to T_{20} \to T_{21}$
U_{11}	T_{95}
U_{29}	T_{80}
U_{40}	T_{80}

仿真实验 4 为验证 TSGS 算法的优越性,将 TSGS 算法与对比算法进行对比。随机进行 8 组实验,当对比算法生成解优于 TSGS 算法解时,停止仿真并记录时间,运行 50 次取平均值。图 6.6 所示为各算法在 8 组实验下算法耗时对比。

图 6.7 所示为不同突发事件出现时刻下各算法耗时对比(运行 50 次取平均值),图 6.8 所示为某时刻出现突发事件下各算法运行 50 次算法耗时对比。

从图 6.7 和图 6.8 可以看出,不管是在算法时效性还是算法稳定性方面,TSGS 算法都较 CHIMODPSO 算法和 WLIMODPSO 算法为优,验证了 TSGS 算法的优越性。

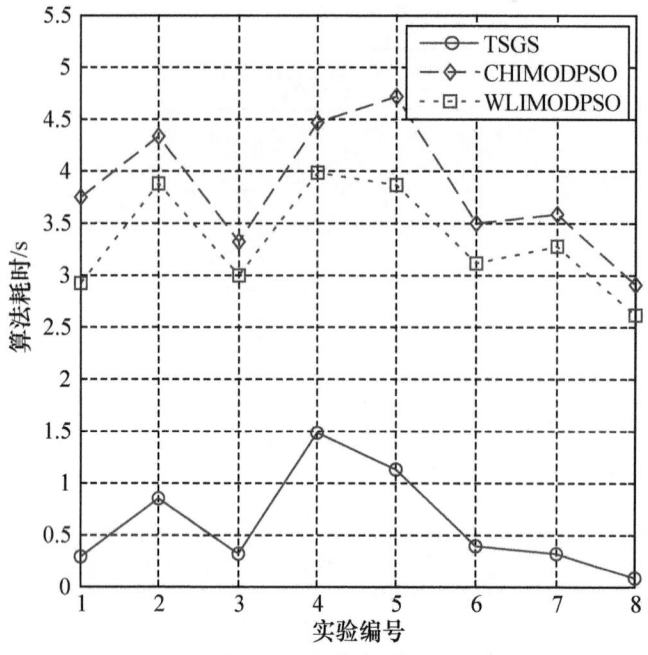

图 6.6　8 组随机实验下算法耗时对比

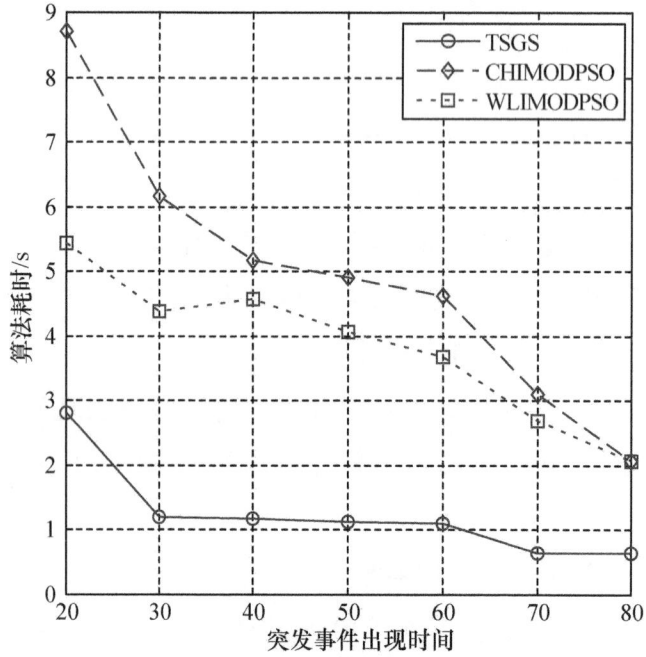

图 6.7　不同突发事件出现时刻下算法耗时对比

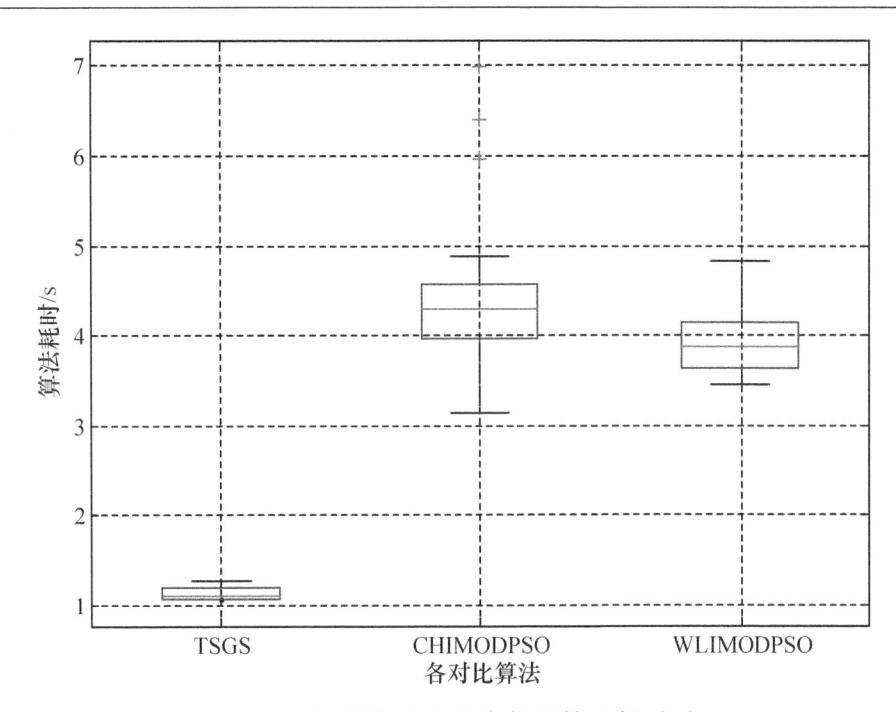

第6章 平台编成与任务执行计划适应性调整方法

图6.8 某时刻出现突发事件下算法耗时对比

第7章 协同目标攻击自主与干预决策方法

有人/无人机协同目标攻击是有人/无人机协同执行侦察、攻击、评估一体化任务的关键阶段,其是指在有人机的监督控制下,无人机利用各种制导体制导弹等机载武器对敌地面目标进行打击的作战任务。考虑到有人机和无人机在通信、计算、感知、决策等方面的差异,有人机和无人机在协同目标攻击决策中的功能和作用各不相同:无人机前出作战,深入战场前沿进行战场态势感知与认知,并根据战场态势实现可变自主下目标攻击决策与控制;有人机在安全区域对无人机进行"任务式指控",仅在必要情况下提供计算、信息、攻击支援或直接收回决策权。

7.1 攻击决策分析

7.1.1 相关研究情况

针对有人/无人机协同目标攻击决策问题,研究人员开展了广泛深入研究。Chen等人[49]针对Leader-Follower有人/无人机协同作战决策结构、决策信息和通信约束等特点,在合理划分有人机和无人机决策层次基础上,区分侦察无人机和攻击无人机,基于可视化模糊认知图(Visualizing Fuzzy Cognitive Map, VFCM)方法,分别建立推理模型,并设计了有人机的干预策略。进一步地,针对有人机监督控制下的无人机自主攻击决策问题,该研究团队基于智能体模糊认知图(Agent-based Fuzzy Cognitive Map,ABFCM)框架,建立了包括人机交互、决策推理和信息处理的三层决策系统模型,分别进行目标威胁评估、攻击优势评估模型构建,并在特定作战想定下验证了模型的合理性[50]。王勋等人[51]针对战场目标分配这一典型战术决策问题,提出一种基于有人/无人机交互协商机制的文化基因算法,将算法本身的种群空间、信念空间分别与有人机、无人机的决策空间相对应,并设计了决策结果交互机制,取得了较好的结果。

7.1.2 建模基础分析

现有研究对有人/无人机干预型混合式协同决策的研究还处于起步阶段,有以下几个方面需要开展深入研究:(1)目前研究仅涉及单架有人机和单架无人机协同决策模式,但在实际作战中,可能出现多架无人机同时执行同一任务的情况。因此,有必要将研究拓展至单架(多架)有人机和多架无人机的协同决策。(2)目前干预型混合式协同决策采用的 FCM 方法中,概念节点和因果关系的模糊表征测度为一实数值,无法描述决策者决策犹豫度,降低了模型准确性。(3)对于模型中因果关联权值矩阵的确定,现有研究大多根据专家意见产生,单个专家意见可能出现偏差。因此,需要综合考虑多个专家意见,进行一致性检验后得到最终因果关联权值矩阵。

1. 直觉模糊集(Intuitionistic Fuzzy Set,IFS)理论

(1) 概念定义。

对于普通有限非空论域 X,若存在 X 上的映射 $\mu_A(x):X\to[0,1]$ 和 $\upsilon_A(x):X\to[0,1]$,且对 $\forall x\in X$,有 $0\leqslant\mu_A(x)+\upsilon_A(x)\leqslant1$,则称 μ_A 和 υ_A 构成 X 上的一个直觉模糊集 A,记为

$$A = \{ <x, \mu_A(x), \upsilon_A(x)> | x \in X \} \quad (7.1)$$

式中：$\mu_A(x)$ 为 A 的隶属度函数；$\upsilon_A(x)$ 为 A 的非隶属度函数。定义 $\pi_A(x) = 1 - \mu_A(x) - \upsilon_A(x)$ 为 A 的犹豫度函数，即表征 x 是否属于 A 的犹豫程度，则有 $0 \leq \pi_A(x) \leq 1$ 成立。将 $\theta = <\mu_\theta, \upsilon_\theta>$ 称为直觉模糊数，有 $\mu_\theta \in [0,1], \upsilon_\theta \in [0,1], \pi_\theta \in [0,1]$ 成立。

（2）运算规则和包含关系。

目前，已有大量关于 IFS 算子的定义，现主要涉及其中的交、并、加、减和乘运算，若 A 和 B 是论域 X 上的 2 个 IFS，则有

$$\mu_{A \cap B}(x) = \min(\mu_A(x), \mu_B(x)), \mu_{A \cup B}(x) = \max(\mu_A(x), \mu_B(x)) \quad (7.2)$$

$$\upsilon_{A \cap B}(x) = \max(\upsilon_A(x), \upsilon_B(x)), \upsilon_{A \cup B}(x) = \min(\upsilon_A(x), \upsilon_B(x)) \quad (7.3)$$

$$A \oplus B = \{ <x, \mu_A(x) + \mu_B(x) - \mu_A(x)\mu_B(x), \upsilon_A(x)\upsilon_B(x)> | x \in X \} \quad (7.4)$$

$$A \ominus B = \{ <x, \mu_A(x)\upsilon_B(x), \upsilon_A(x) + \mu_B(x) - \upsilon_A(x)\mu_B(x)> | x \in X \} \quad (7.5)$$

$$A \otimes B = \{ <x, \mu_A(x)\mu_B(x), \upsilon_A(x) + \upsilon_B(x) - \upsilon_A(x)\upsilon_B(x)> | x \in X \} \quad (7.6)$$

对于不同 IFS 之间的包含与被包含关系，若 A 和 B 是论域 X 上的 2 个 IFS，对 $\forall x \in X$，当且仅当 $\mu_A(x) \leq \mu_B(x)$ 且 $\upsilon_A(x) \geq \upsilon_B(x)$ 成立时，有 $A \subseteq B$。

（3）直觉模糊矩阵及其合成。

设矩阵 $\tilde{R} = (\tilde{r}_{ii'})_{n \times n}$，若 $\tilde{r}_{ii'}$ 均为直觉模糊数，即 $\tilde{r}_{ii'} = <\mu_{ii'}, \upsilon_{ii'}>$，则称 $\tilde{R}$ 为直觉模糊矩阵。设 $P = (<\mu_{pii'}, \upsilon_{pii'}>)_{n \times n}$ 和 $Q = (<\mu_{qii'}, \upsilon_{qii'}>)_{n \times n}$ 均为直觉模糊矩阵，若 $\tilde{R} = \tilde{P} \circ \tilde{Q} = (<\mu_{ii'}, \upsilon_{ii'}>)_{n \times n}$，则称 $\tilde{R}$ 是 $\tilde{P}$ 和 $\tilde{Q}$ 的

合成矩阵。其中,$\mu_{ii'} = \bigcup\limits_{k=1}^{n}(\mu_{pik} \cap \mu_{qki'})$,$\upsilon_{ii'} = \bigcap\limits_{k=1}^{n}(\upsilon_{pik} \cup \upsilon_{qki'})$。

(4) 直觉模糊相似矩阵和等价矩阵。

若直觉模糊矩阵 $\tilde{R} = (\tilde{r}_{ii'})_{n \times n} = (<\mu_{ii'}, \upsilon_{ii'}>)_{n \times n}$ 满足:① 自反性,对 $\forall i = 1,2,\cdots,n$,始终有 $\tilde{r}_{ii} = <1,0>$;② 对称性,对 $\forall i,i' = 1,2,\cdots,n$,始终有 $r_{ii'} = r_{i'i}$。则称 $\tilde{R}$ 为直觉模糊相似矩阵。

若论域包括 n 个待聚类对象 $O = \{o_1, o_2, \cdots, o_n\}$,对 $\forall o_i \subseteq O; i = 1, 2, \cdots, n$,均包含 m 个属性,即有 $o_i = (y_{i1}, y_{i2}, \cdots, y_{im})$ 成立,各属性数据均为直觉模糊数,可得到直觉模糊矩阵 $\tilde{D} = (\tilde{d}_{ij})_{n \times m} = (<\mu_{y_{ij}}, \upsilon_{y_{ij}}>)_{n \times m}$。对 $\forall i \neq i'; i,i' = 1,2,\cdots,n$,可构造 o_i 与 $o_{i'}$ 之间的直觉模糊相似隶属度 $\mu_{ii'}$ 和非隶属度 $\upsilon_{ii'}$,从而共同构成相似度 $\tilde{r}_{ii'} = <\mu_{ii'}, \upsilon_{ii'}>$;以此类推,得到其他所有直觉模糊相似隶属度和非隶属度,从而将 $\tilde{D}$ 转换为直觉模糊相似矩阵 $\tilde{R} = (\tilde{r}_{ii'})_{n \times n}$。其中,$\mu_{ii'}$ 和 $\upsilon_{ii'}$ 的计算公式分别为

$$\mu_{ii'} = 1 - \frac{1}{2m}\sum_{j=1}^{m}(|\mu_{y_{ij}} - \mu_{y_{i'j}}| + |\pi_{y_{ij}} - \pi_{y_{i'j}}|) \tag{7.7}$$

$$\upsilon_{ii'} = \frac{1}{2m}\sum_{j=1}^{m}|\upsilon_{y_{ij}} - \upsilon_{y_{i'j}}| \tag{7.8}$$

定理 7.1 按照式(7.7)和式(7.8)计算得到的 $\tilde{R}$ 为直觉模糊相似矩阵。

证明 主要从直觉模糊相似矩阵的自反性和对称性两个性质出发进行证明。

① 自反性。由于存在 $\mu_{ii} = 1 - \frac{1}{2m}\sum\limits_{j=1}^{m}(|\mu_{y_{ij}} - \mu_{y_{ij}}| + |\pi_{y_{ij}} - \pi_{y_{ij}}|) = 1$,且有 $\upsilon_{ii} = \frac{1}{2m}\sum\limits_{j=1}^{m}|\upsilon_{y_{ij}} - \upsilon_{y_{ij}}| = 0$ 成立,则必有 $\tilde{r}_{ii} = <\mu_{ii}, \upsilon_{ii}> = <1,0>$。

② 对称性。由于存在 $\mu_{ii'} = 1 - \frac{1}{2m}\sum_{j=1}^{m}(|\mu_{y_{ij}} - \mu_{y_{i'j}}| + |\pi_{y_{ij}} - \pi_{y_{i'j}}|) = 1 - \frac{1}{2m}\sum_{j=1}^{m}(|\mu_{y_{i'j}} - \mu_{y_{ij}}| + |\pi_{y_{i'j}} - \pi_{y_{ij}}|) = \mu_{i'i}$，$v_{ii'} = \frac{1}{2m}\sum_{j=1}^{m}|v_{y_{ij}} - v_{y_{i'j}}| = \frac{1}{2m}\sum_{j=1}^{m}|v_{y_{i'j}} - v_{y_{ij}}| = v_{i'i}$，则必有 $\tilde{r}_{ii'} = \langle\mu_{ii'}, v_{ii'}\rangle = \langle\mu_{i'i}, v_{i'i}\rangle = \tilde{r}_{i'i}$。

若直觉模糊矩阵 $\tilde{\boldsymbol{R}} = (\tilde{r}_{ii'})_{n \times n}$ 满足：① 自反性同直觉模糊相似矩阵；② 对称性同直觉模糊相似矩阵；③ 传递性，$\tilde{\boldsymbol{R}}^2 = \tilde{\boldsymbol{R}} \circ \tilde{\boldsymbol{R}} \subseteq \tilde{\boldsymbol{R}}$，即对 $\forall i, i' = 1, 2, \cdots, n$，有 $\bigcup_{k=1}^{n}(\mu_{ik} \cap \mu_{ki'}) \leqslant \mu_{ii'}$ 和 $\bigcap_{k=1}^{n}(v_{ik} \cup v_{ki'}) \geqslant v_{ii'}$ 成立，则称 $\tilde{\boldsymbol{R}}$ 为直觉模糊等价矩阵。直觉模糊等价矩阵的生成，可由直觉模糊相似矩阵通过连续合成运算得到。

（5）优势度。

对于 2 个直觉模糊数 $\theta_1 = \langle\mu_{\theta_1}, v_{\theta_1}\rangle$ 和 $\theta_2 = \langle\mu_{\theta_2}, v_{\theta_2}\rangle$，定义函数 $p(\theta_1 \geqslant \theta_2) \in [0, 1]$ 为度量 $\theta_1 \geqslant \theta_2$ 的测度，简称为 θ_1 相对 θ_2 的优势度。同样地，定义 $p(\theta_2 \geqslant \theta_1) \in [0, 1]$ 为 θ_2 相对 θ_1 的优势度。$p(\theta_2 \geqslant \theta_1)$ 的计算公式为

$$p(\theta_2 \geqslant \theta_1) = \begin{cases} 0, & \theta_1^- \geqslant \theta_2^+ \\ 0.5 \times \frac{\theta_2^+ - \theta_1^-}{\theta_1^+ - \theta_1^-} \times \frac{\theta_2^+ - \theta_1^-}{\theta_2^+ - \theta_2^-}, & \theta_2^- \leqslant \theta_1^- < \theta_2^+ \leqslant \theta_1^+ \\ \frac{\theta_2^- - \theta_1^-}{\theta_1^+ - \theta_1^-} + 0.5 \times \frac{\theta_2^+ - \theta_2^-}{\theta_1^+ - \theta_1^-}, & \theta_1^- < \theta_2^- < \theta_2^+ \leqslant \theta_1^+ \\ \frac{\theta_2^- - \theta_1^-}{\theta_1^+ - \theta_1^-} + \frac{\theta_1^+ - \theta_2^-}{\theta_1^+ - \theta_1^-} \times \frac{\theta_2^+ - \theta_1^+}{\theta_2^+ - \theta_2^-} + 0.5 \times \frac{\theta_1^+ - \theta_2^-}{\theta_1^+ - \theta_1^-} \times \frac{\theta_1^+ - \theta_2^-}{\theta_2^+ - \theta_2^-}, & \theta_1^- < \theta_2^- \leqslant \theta_1^+ < \theta_2^+ \\ \frac{\theta_2^- - \theta_1^+}{\theta_2^+ - \theta_2^-} + 0.5 \times \frac{\theta_1^+ - \theta_1^-}{\theta_2^+ - \theta_2^-}, & \theta_2^- \leqslant \theta_1^- < \theta_1^+ < \theta_2^+ \\ 1, & \theta_1^+ < \theta_2^- \end{cases}$$

(7.9)

式中：$\theta_1^- = \mu_{\theta_1}, \theta_1^+ = 1 - \upsilon_{\theta_1}, \theta_2^- = \mu_{\theta_2}, \theta_2^+ = 1 - \upsilon_{\theta_2}$。

(6) 直觉模糊加权平均(Intuitionistic Fuzzy Weighted Averaging, IFWA)算子。

若 $\theta_g = <\mu_{\theta_g}, \upsilon_{\theta_g}>(g=1,2,\cdots,G)$ 为一组直觉模糊数，定义 IFWA 算子为 $\mathrm{IFWA}_\omega : \Omega^G \to \Omega$，即有

$$\mathrm{IFWA}_\omega(\theta_1, \theta_2, \cdots, \theta_G) = \omega_1 \theta_1 \oplus \omega_2 \theta_2 \oplus \cdots \oplus \omega_G \theta_G$$
$$= \left\langle 1 - \prod_{g=1}^{G}(1-\mu_{\theta_g})^{\omega_g}, \prod_{g=1}^{G} \upsilon_{\theta_g}^{\omega_g} \right\rangle \quad (7.10)$$

式中：$\omega = (\omega_1, \omega_2, \cdots, \omega_G)^\mathrm{T}$ 为权值向量，对于 $\forall g = 1, 2, \cdots, G$，有 $\omega_g \in [0,1]$ 和 $\sum_{g=1}^{G} \omega_g = 1$ 成立。

2. IFCM 理论

FCM 是模糊逻辑(Fuzzy logic, FL)和认知图理论的结合，用于表征概念节点间因果关系及推理过程，被广泛应用于威胁评估、可靠性分析和故障检测等方面。

Papageorgiou 等人[52]按照理论研究和应用研究的分类对近十年的 FCM 研究进行了系统深入分析，并指明未来发展方向。Boutalis 等人[53]证明了 FCM 的收敛性和稳定性，并将其拓展为模糊认知网(Fuzzy Cognitive Network, FCN)，在与系统高效交互的基础上实现对系统的有效控制。Elpiniki 等人[54]提出双层 FCM 结构，分别建立上层概念节点和下层概念节点，并提出双层结构监督执行算法，并将其用于化疗过程建模。Li 等人[55]提出一种区间模糊认知图，将概念节点和因果关系矩阵值用区间值表征，设计相应的推理方法，并以医学诊断为实例证明了所提出方法的优越性。Cvaralho 等人[56]在 FCM 基础上，提出 RBFCM 模型，从而解决 FCM 难以进行非单调推理的缺陷。Elpiniki 等人[57]针对现有 FCM 研究无法表征复杂系统中不完全

信息造成的决策者决策犹豫,引入直觉模糊信息形成了 IFCM 概念,并定义了两种概念节点及其因果关系的表示、推理方法(分别为 IFCM-I 和 IFCM-Ⅱ型),并以典型化工控制工程为案例背景,验证了 IFCM-II 方法相比于传统 FCM 和 IFCM-I 方法的优越性。

简单 FCM 由一三元组 $\{C,W,F\}$ 组成,具有推理方式简单、便于高层知识表示、易于引入学习机制和具有动态反馈特性等特点。其中,C 为概念节点集合,W 为概念节点间因果关系集合,F 为阈值函数,一般为二值函数、三值函数、Sigmoid 或双曲正切函数。如式(7.11)~式(7.14)所示,分别为二值函数、三值函数、Sigmoid 和双曲正切函数的函数表达式。

$$f(x) = \begin{cases} 1, & x > 0 \\ 0, & x \leq 0 \end{cases} \quad (7.11)$$

式中:节点状态值 1、0 代表开或关。

$$f(x) = \begin{cases} 1, & x > 0 \\ 0, & x = 0 \\ -1, & x < 0 \end{cases} \quad (7.12)$$

式中:状态值 1、0、-1 分别代表状态增加、不变和减小。

$$f(x) = \frac{1}{1 + e^{-\phi x}} \quad (7.13)$$

式中:Sigmoid 函数将节点状态值控制在[0,1]区间,ϕ 为倾斜因子。

$$f(x) = \tanh(\phi x) = \frac{e^{2\phi x} - 1}{e^{2\phi x} + 1} \quad (7.14)$$

式中:双曲正切函数将节点状态值控制在[-1,1]区间,ϕ 为倾斜因子。

由于二值函数和三值函数较多适用于定性问题,在表征定量问题方面存在一定不足。因此,令 F 为 Sigmoid 函数。

而 IFCM(IFCM-II)也由一三元组$\{\tilde{C},\tilde{W},F\}$组成,其中$\tilde{C}$和$\tilde{W}$分别为概念节点集合和节点间因果关系集合,其值均为直觉模糊数,对于$\forall u,u'=1,2,\cdots,N_{\tilde{C}};u\neq u'$,有$\tilde{C}_u=<\mu_{\tilde{C}_u},\upsilon_{\tilde{C}_u}>$成立。$\tilde{C}_{u'}$对$\tilde{C}_u$的因果关系直觉模糊权值为$\tilde{w}_{u'}^u=<\mu_{\tilde{w}_{u'}^u},\upsilon_{\tilde{w}_{u'}^u}>$,$F$为阈值函数。图 7.1 所示为简单 FCM 和 IFCM 示意图。

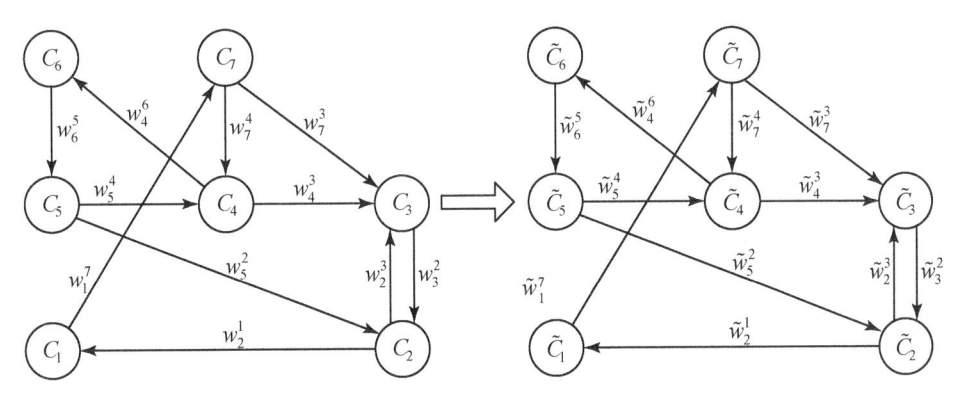

图 7.1 简单 FCM 和 IFCM

IFCM 中,对于$\forall u=1,2,\cdots,N_{\tilde{C}}$,$\tilde{C}_u$的节点推理计算公式为

$$\tilde{C}_u(t+1) = <\mu_{\tilde{C}_u}^{t+1},\upsilon_{\tilde{C}_u}^{t+1}>$$

$$= F\left(<\mu_{\tilde{C}_u}^t,\upsilon_{\tilde{C}_u}^t> \oplus \left(\bigoplus_{\substack{u'=1\\u\neq u'}}^{N_{\tilde{C}}}(<\mu_{\tilde{C}_{u'}}^t,\upsilon_{\tilde{C}_{u'}}^t>\otimes<\mu_{\tilde{w}_{u'}^u},\upsilon_{\tilde{w}_{u'}^u}>)\right)\right)$$

(7.15)

式中:$\tilde{C}_{u'}$、$\tilde{C}_u \in \tilde{C}$分别代表原因节点和结果节点,$t$和$t+1$代表不同采样时刻。

需要说明的是,$\tilde{w}_{u'}^u \in \tilde{W}$代表$\tilde{C}_{u'}$对$\tilde{C}_u$的因果关联直觉模糊权值,一般取为正值,无法表征$\tilde{C}_{u'}$对$\tilde{C}_u$的负影响。因此,设置$\overline{\omega}_{u'}^u=\pm1$为$\tilde{w}_{u'}^u$的影响系数值,当$\overline{\omega}_{u'}^u=1$时,表示$\tilde{C}_{u'}$对$\tilde{C}_u$有正影响;当$\overline{\omega}_{u'}^u=-1$

时,表示有负影响。有研究人员将满足 $\overline{\omega}_u^u = -1$ 的 $\tilde{w}_u^u$ 等价为 $\tilde{w}_u^u = <v_{\tilde{w}u'}^u, \mu_{\tilde{w}u'}^u>$,这种处理方法存在不合理之处。以图7.1中的 $\tilde{C}_4$ 为例,令其原因节点 $\tilde{C}_5 = \tilde{C}_7 = <1,0>$,若 $\tilde{w}_5^4 = \tilde{w}_7^4 = <1,0>$, $\overline{\omega}_5^4 = 1$ 且 $\overline{\omega}_7^4 = -1$,则按照上述方法,求得 $\tilde{C}_4 = <1,0>$,这显然不符合实际情况。这里的处理方法是,若 $\overline{\omega}_u^u = -1$,则令式(7.15)中的第二个"⊕"号变为"⊖"号,同样以上述简例为例,根据式(7.5)和式(7.15)进行计算可求得 $\tilde{C}_4 = <0,1>$,显然是合理的。而 $F(\theta)$ 被定义为

$$F(\theta) = <f_\mu(\mu_\theta), f_v(v_\theta)> \qquad (7.16)$$

7.2 攻击决策建模

在有人/无人机协同目标攻击过程中,无人机负责突前进行目标信息探测和处理、武器发射攻击和效能评估等,由于无人机能够掌握实时(准实时)战场信息,因此主要由无人机在条件允许时进行自主决策。有人机在无人机决策推理困难或其他不利于决策情况下,分别采取符合当前态势的合适干预形式,协同完成决策过程。采用这种决策结构,可以充分发挥无人机有限自主决策能力,有效降低有人机指挥员工作负荷,防止其因高工作负荷造成认知能力下降。

7.2.1 本地状态信息

在多无人机自主决策时,每架无人机根据状态、环境、目标信息进行攻击优势和威胁程度评估。其中,本地状态信息包括携带武器、武器动力系统、武器火控系统、武器制导系统、武器战斗部系统状态等;外部环境信息包括天气情况、地形情况、电磁环境等;攻击目标信息包括目标雷达状态、目标防护能力、相对目标速度优势、相对目标

距离优势等。

(1) 携带武器状态。无人机携带武器包括两类,即Ⅰ型和Ⅱ型导弹,均携带时状态编码为11,仅携带Ⅰ型导弹时编码为10,仅携带Ⅱ型导弹时编码为01,均未携带时编码为00。

(2) 武器动力系统状态。武器动力系统是推进武器飞行的重要系统,根据携带武器类型进行相应动力系统检测,若均正常则状态编码为11,仅Ⅰ型导弹动力系统正常时编码为10,仅Ⅱ型导弹动力系统正常时编码为01,均不正常时编码为00。

(3) 武器火控系统状态。根据携带武器类型进行相应火控系统状态检测,若均正常则状态编码为11,仅Ⅰ型导弹火控系统正常时编码为10,仅Ⅱ型导弹火控系统正常时编码为01,均不正常时编码为00。

(4) 武器制导系统状态。根据携带武器类型进行相应制导系统状态检测,若均正常则状态编码为11,仅Ⅰ型导弹制导系统正常时状态编码为10,仅Ⅱ型导弹制导系统正常时编码为01,均不正常时编码为00。

(5) 武器战斗部系统状态。武器战斗部系统是决定武器能否有效损毁目标的关键系统,根据携带武器类型进行相应战斗部系统状态检测,若均正常则状态编码为11,仅Ⅰ型导弹战斗部系统正常时编码为10,仅Ⅱ型导弹战斗部系统正常时编码为01,均不正常时编码为00。

7.2.2 外部环境信息

(1) 天气情况。一般来说,天气状况越差,我方信息获取与感知、武器发射与制导能力就会越差,导致我方攻击优势越小。

(2) 地形情况。从分类上来说,目标攻击作战行动中,目标所处的典型地形主要包括山地、丘陵、平原等,地形条件越复杂,我方攻击优势越小,敌方目标威胁程度越大。

(3) 电磁环境。在目标攻击过程中,敌方会采取一系列电子干扰措施,总的来说,敌方电子干扰越强,则我方攻击优势越小。

7.2.3 攻击目标信息

(1) 目标雷达状态。一般来说,目标雷达状态主要包括搜索、跟踪和制导状态,敌方目标威胁依次增大,我方攻击优势依次减小。

(2) 目标防护能力。目标防护能力一般是指敌方目标应对我方攻击的应对水平,目标防护能力越强,我方攻击优势越小。

(3) 相对目标速度优势。一般而言,无人机相对目标速度越大,我方攻击优势越大,根据式(7.17),计算无人机与目标相对速度的归一化值

$$Y_V = \begin{cases} v/0.5, & v \leqslant v_1 \\ 0.1 + (v - 0.05)/1, & v_1 < v \leqslant v_2 \\ 0.3 + (v - 0.25)/1.5, & v_2 < v \leqslant v_3 \\ 0.55 + (v - 0.625)/2, & v_3 < v \leqslant v_4 \\ 0.85 + (v - 1.225)/2.5, & v_4 < v \leqslant v_5 \\ 1, & v_5 < v \leqslant v_{\max} \end{cases} \quad (7.17)$$

式中:无人机最大航行速度为 $v_{\max}=160\text{km/h}$, $v_1=5\text{km/h}$, $v_2=25\text{km/h}$, $v_3=62.5\text{km/h}$, $v_4=122.5\text{km/h}$, $v_5=147.5\text{km/h}$。

(4) 相对目标距离优势。一般而言,无人机与目标的相对距离直接影响到无人机的距离优势,距离优势与目标距离的关系呈现单峰极值关系,即无人机与目标距离为一特定值时,距离优势最大,越远离该特定值,距离优势越小,而该特定值的取值取决于攻击武器类型。

第7章 协同目标攻击自主与干预决策方法

假设 I 型导弹的最小攻击距离和最大攻击距离分别为 J_{min} 和 J_{max}，当无人机与目标相对距离 J 小于最小攻击距离 J_{min} 或超出最大攻击距离 J_{max} 时，则距离优势为 0；而一般在最优目标攻击距离 J_0 时，距离优势最大。因此，可以构建距离优势函数

$$Y_D = \exp\left(-\left(\frac{J-J_0}{J_\alpha}\right)^2\right) \tag{7.18}$$

式中：$J_\alpha = \alpha(J_{min} + J_{max})$，$\alpha$ 为距离系数。取 $J_0 = (J_{min} + J_{max})/2$，$J_{min} = 10 \text{km}$，$J_{max} = 80 \text{km}$ 的特例，可得出图 7.2 所示 α 取不同值时的距离优势仿真示意图。可以看出，当 α 取 0.15 时，较符合实际情况。

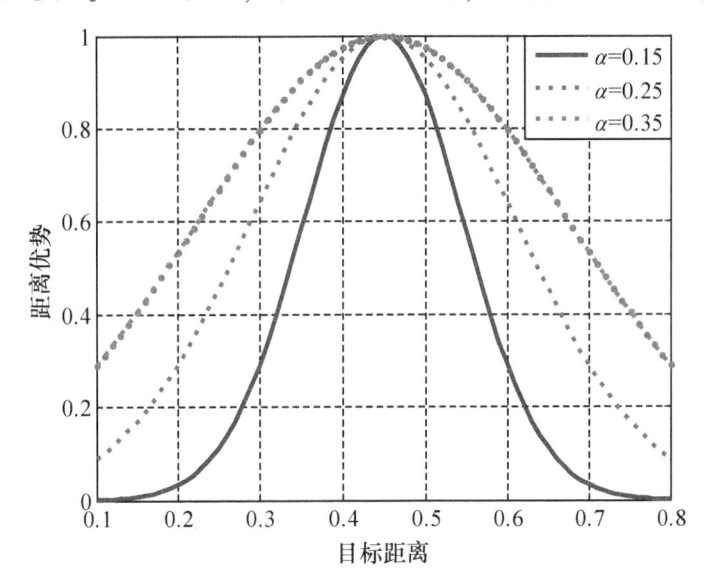

图 7.2 α 取不同值时的距离优势

7.3 攻击决策策略

7.3.1 无人机自主决策推理

分别定义武器携带、动力、火控、制导、战斗部各系统的状态为

$\hat{C}_1$、$\hat{C}_2$、$\hat{C}_3$、$\hat{C}_4$ 和 $\hat{C}_5$、$\hat{C}_6$ 为无人机攻击条件状态，$\hat{C}_6 = 11$ 表示两型导弹均可发射攻击，$\hat{C}_6 = 10$ 表示仅Ⅰ型导弹可发射攻击，$\hat{C}_6 = 01$ 表示仅Ⅱ型导弹可发射攻击，$\hat{C}_6 = 00$ 表示两型导弹均不能发射攻击。以Ⅰ型导弹为例，天气情况、地形情况、电磁环境的状态为 $\tilde{C}_7$、$\tilde{C}_8$ 和 $\tilde{C}_9$；目标雷达状态、目标防护能力、相对目标速度优势、相对目标距离优势的状态为 $\tilde{C}_{10}$、$\tilde{C}_{11}$、$\tilde{C}_{12}$、$\tilde{C}_{13}'$；Ⅰ型导弹攻击优势和敌方威胁程度的状态分别为 $\tilde{C}_{14}'$、$\tilde{C}_{15}$；有人机需释放环境干扰强度的状态为 $\tilde{C}_{16}$。其中，$\hat{C}_1$、$\hat{C}_2$、$\hat{C}_3$、$\hat{C}_4$、$\hat{C}_5$、$\hat{C}_6$、$\tilde{C}_7$、$\tilde{C}_8$、$\tilde{C}_9$、$\tilde{C}_{10}$、$\tilde{C}_{11}$、$\tilde{C}_{12}$、$\tilde{C}_{13}'$ 为输入节点，$\hat{C}_6$、$\tilde{C}_{14}'$、$\tilde{C}_{15}$ 和 $\tilde{C}_{16}$ 为结果节点。而对于Ⅱ型导弹，其他概念节点均不变，相对目标距离优势状态为 $\tilde{C}_{13}''$，Ⅱ型导弹攻击优势为 $\tilde{C}_{14}''$，则我方攻击优势 $\tilde{C}_{14}$ 由 $\hat{C}_6$、$\tilde{C}_{14}'$ 和 $\tilde{C}_{14}''$ 决定。对于 $\hat{C}_1 \sim \hat{C}_6$，由于均采用二进制编码，因此，$\hat{C}_1 \sim \hat{C}_6$ 的节点状态更新准则为

$$RB(\hat{C}_{u'} \to \hat{C}_u) : \hat{C}_u = \hat{C}_u \& \hat{C}_{u'}, \quad u, u' = 1, 2, \cdots, 6; u \neq u'$$

(7.19)

由 $\hat{C}_6$、$\tilde{C}_{14}'$ 和 $\tilde{C}_{14}''$ 得到 $\hat{C}_{14}$ 的推理规则为

$$\tilde{C}_{14} = \begin{cases} <0,1>, & \hat{C}_6 = 00 \\ \tilde{C}_{14}', & \hat{C}_6 = 10 \\ \tilde{C}_{14}'', & \hat{C}_6 = 01 \\ \max(\tilde{C}_{14}', \tilde{C}_{14}''), & \hat{C}_6 = 11 \end{cases}$$

(7.20)

图 7.3 所示为无人机攻击决策 HFCM 示意图，其中，$\tilde{C}_{13}$ 为 $\tilde{C}_{13}'$ 或 $\tilde{C}_{13}''$。在 IFCM 所有因果关系权值中，影响系数值取值为正的为 $\tilde{w}_7^{14}$、$\tilde{w}_{12}^{14}$、$\tilde{w}_{13}^{14}$、$\tilde{w}_8^{15}$、$\tilde{w}_{10}^{15}$、$\tilde{w}_{11}^{15}$、$\tilde{w}_{15}^{16}$、$\tilde{w}_{16}^{14}$，取值为负的为 $\tilde{w}_8^{14}$、$\tilde{w}_9^{14}$、$\tilde{w}_{11}^{14}$、$\tilde{w}_{14}^{14}$、$\tilde{w}_{15}^{16}$、$\tilde{w}_{16}^{15}$。

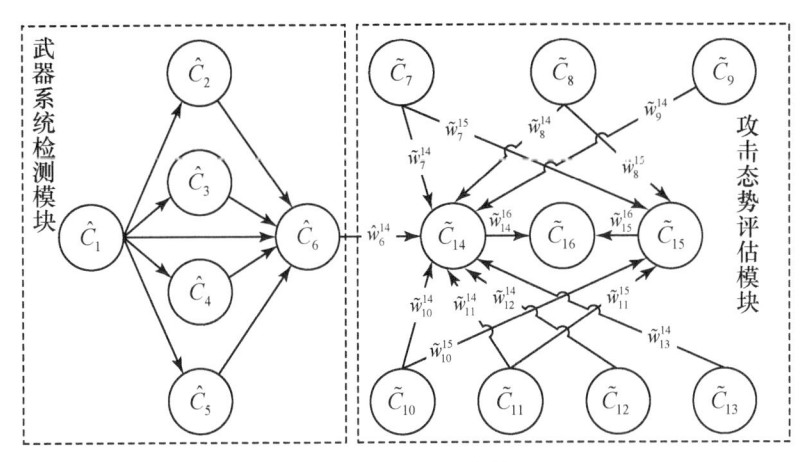

第7章 协同目标攻击自主与干预决策方法

图 7.3 无人机攻击决策 HFCM

1. 因果关系权值确定

在以往 FCM 研究中,由专家构建的因果关系权值矩阵一般根据单个专家意见产生,缺乏多专家的统一知识。因此,考虑集结 N_e 个专家意见,体现专家意见的多样性,并采用改进的直觉模糊聚类对各专家意见进行一致性检验,剔除与其他专家意见差异较大的专家意见,体现专家意见的一致性。记专家集合为 $E = \{e_1, e_2, \cdots, e_{N_e}\}$,专家 e_i 的权威度为 p_i,且满足 $\sum_{i=1}^{N_e} p_i = 1$,e_i 给出的因果关系权值矩阵为 $\tilde{w}_i = [\tilde{w}_{i1}, \tilde{w}_{i2}, \cdots, \tilde{w}_{iN_a}]^T$,其中,$N_a$ 为权值矩阵中权值个数。则所有 $\tilde{w}_i$ 构成群体权值矩阵 $\tilde{W} = [\tilde{w}_1, \tilde{w}_2, \cdots, \tilde{w}_{N_e}]$,一致性检验步骤具体如下。

步骤 1 生成直觉模糊相似矩阵。根据式(7.7)和式(7.8),计算得到专家 e_i 与 $e_{i'}$ 之间的直觉模糊相似度 $\tilde{r}_{ii'}$,进一步地,得到直觉模糊相似矩阵 $\tilde{R}$。

步骤 2 生成直觉模糊等价矩阵。进行合成运算,按照 $\tilde{R} \to \tilde{R}^2 \to \cdots \to \tilde{R}^{2v}$ 的求解路径得到直觉模糊等价矩阵。其中,v 为满足 $\tilde{R}^{2v} = \tilde{R}^{2v-1}$ 或 $\tilde{R}^{2v} = \tilde{R}^{2v-2}$ 的最小正整数,$\tilde{R}^{2v}$ 即为直觉模糊等价矩阵。

步骤3 生成截矩阵。根据式(7.21),设定置信水平$<\underline{\sigma},\bar{\sigma}>$,求得直觉模糊等价矩阵$\tilde{R}^{2v}$的截矩阵$\tilde{R}_{\underline{\sigma},\bar{\sigma}}$。

$$r_{(\underline{\sigma},\bar{\sigma})ii'} = \begin{cases} 1, & \mu_{ii'} \geq \underline{\sigma}, v_{ii'} \leq \bar{\sigma} \\ 0, & 其他 \end{cases} \quad (7.21)$$

步骤4 进行聚类。若截矩阵$\tilde{R}_{\underline{\sigma},\bar{\sigma}}$中第$i$行与第$i'$行(或第$i$列与第$i'$列)相等,则$e_i$与$e_{i'}$归为一类,按此规则,得到专家聚类结果。假设专家类数量为L,则有:

$$\begin{cases} E_l \subseteq E, & 1 \leq l \leq L \\ E_l \cap E_{l'} = \varnothing, & 1 \leq l, l' \leq L; l \neq l' \\ E_1 \cup E_2 \cup \cdots \cup E_L = E \end{cases} \quad (7.22)$$

令$E_l = \{e_{l_1}, e_{l_2}, \cdots, e_{l_B}\}$, $l_B \leq N_e$。

步骤5 选取使得群体权威度$\varphi_l = \sum_{b=1}^{B} p_{l_b}$最大的$E_l$作为专家组,并采用IFWA算子集结得到最终权值矩阵。

2. 决策推理算法设计

无人机进行IFCM自主决策推理,首先需要确定初始状态空间,然后进行迭代求解,直到达到固定点或有限环状态。主要根据式(7.15)进行迭代推理,并按照前述方法对影响系数值为负的概念节点集成过程进行处理。在每轮迭代后判断是否达到系统收敛状态或干预效果,若是,输出结果,若否,继续迭代。

3. 攻击决策结果生成

无人机自主攻击决策过程中,将本地状态、外部环境和攻击目标信息转化为我方攻击优势($\tilde{C}_{14}$)和敌方威胁程度($\tilde{C}_{15}$),并集结生成最终决策结果。图7.4和图7.5所示分别为自主决策结果生成过程和决策门限阈值。

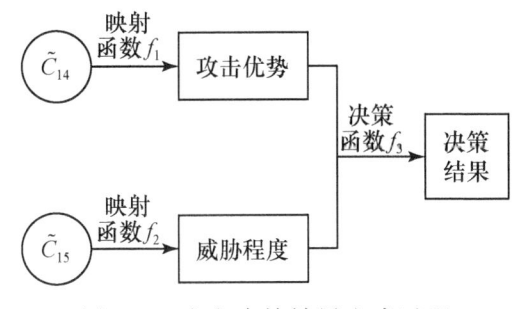

第7章 协同目标攻击自主与干预决策方法

图 7.4 自主决策结果生成过程

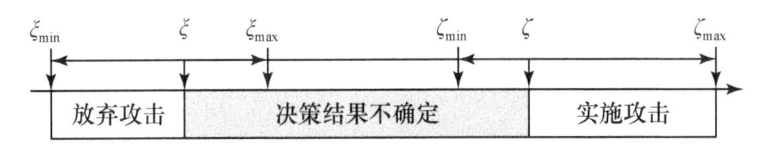

图 7.5 决策门限阈值

从图 7.4 可以看出，需将 $\tilde{C}_{14}$ 和 $\tilde{C}_{15}$ 经过阈值函数处理后的取值根据各自映射函数 f_1 和 f_2 映射得到攻击优势和威胁程度值，随后根据决策函数 f_3 得到最后决策结果，后者主要包括 Attack、Unsure 和 Quit。映射函数 f_1 和 f_2 分别被定义为

$$f_1(\tilde{C}_{14}) = \begin{cases} 1, & S \geqslant 0.7 \\ S, & 0.35 \leqslant S < 0.7 \\ -1, & S < 0.35 \end{cases} \quad (7.23)$$

$$f_2(\tilde{C}_{15}) = \begin{cases} -1, & T \geqslant 0.75 \\ -T, & 0.3 \leqslant T < 0.75 \\ 1, & T < 0.3 \end{cases} \quad (7.24)$$

$$f_3(f_1(\tilde{C}_{14}), f_2(\tilde{C}_{15})) = \begin{cases} \text{Quit}, & f_1(\tilde{C}_{14}) + f_2(\tilde{C}_{15}) \leqslant \xi \\ \text{Unsure}, & \xi < f_1(\tilde{C}_{14}) + f_2(\tilde{C}_{15}) < \zeta \\ \text{Attack}, & f_1(\tilde{C}_{14}) + f_2(\tilde{C}_{15}) \geqslant \zeta \end{cases}$$

$$(7.25)$$

式中：S 为攻击优势相对威胁程度的优势度；T 为威胁程度相对攻击优势的优势度。

从图 7.5 可以看出，ζ 和 ξ 为决策门限阈值，其取值将影响最终决策结果。在无人机自主攻击决策时，设定 ζ 和 ξ 为恒值。在无人机决策困难，可动态调整 ζ 和 ξ 的取值，从而实现协同决策。其中，ζ 的取值范围为 $\zeta \in [\zeta_{\min}, \zeta_{\max}]$，$\xi$ 的取值范围为 $\xi \in [\xi_{\min}, \xi_{\max}]$，且有 $\zeta_{\min} \geqslant \xi_{\max}$ 成立。Attack 和 Quit 的决策结果置信度分别为

$$\begin{cases} A_{cc} = \min\left(1, \left|\dfrac{f_1(\tilde{C}_{14}) + f_2(\tilde{C}_{15}) - \zeta_{\min}}{\zeta_{\max} - \zeta_{\min}}\right|\right) \\ Q_{cc} = \min\left(1, \left|\dfrac{f_1(\tilde{C}_{14}) + f_2(\tilde{C}_{15}) - \xi_{\max}}{\xi_{\max} - \xi_{\min}}\right|\right) \end{cases} \quad (7.26)$$

7.3.2 有人机干预决策策略

1. 有人机环境干预

有人机环境干预是指有人机利用自身配置的电子干扰设备，对敌方目标进行电子干扰，从而增大我方攻击优势和减小敌方威胁程度。同时，有人/无人机协同作战过程中需要保证有人机相对隐身，因此，电子干扰强度不宜过大。在环境干扰推理过程中，$\tilde{C}_{14}$、$\tilde{C}_{15}$ 和 $\tilde{C}_{16}$ 相互影响，每步推理得到合适的电子干扰强度，直到系统收敛或达到环境干预效果。

2. 有人机调整决策阈值

当环境干预失效后，有人机可根据战场态势对无人机进行知识干预，即对决策阈值进行调整，从而协同完成决策。调整原则主要包括：①若我方攻击优势较大，则适当调小 ζ，引导无人机倾向于 Attack；②若我方攻击优势较小，则适当调大 ξ，引导无人机倾向于 Quit；③若

第7章 协同目标攻击自主与干预决策方法

敌方威胁较大,则适当调大 ξ,引导无人机倾向于 Quit;④若敌方威胁较小,则适当调小 ζ,引导无人机倾向于 Attack。

因此,对上述调整原则进行规则约简,即有:①IF 敌方威胁程度较大,Then Quit;②IF 我方攻击优势较小 & 敌方威胁程度较小,THEN Unsure;③IF 我方攻击优势较大 & 敌方威胁程度较小,THEN Attack。则在敌方威胁程度较小时,设计 ζ 和 ξ 的调节函数为

$$\begin{cases} \zeta(S) = Y_1 S^2 + Y_2 S - Y_3 \\ Y_1 = \dfrac{1.75\zeta_0(\zeta_{\min} - 1)}{S^2} \\ Y_2 = \dfrac{1.75\zeta_0(1 - \zeta_{\min})}{S^2} \\ Y_3 = \zeta_0 \\ \xi(S) = \begin{cases} \xi_0, & S \leqslant 1.4S_0 \\ \exp(-S + 1.4S_0) + \xi_0 - 1, & S > 1.4S_0 \end{cases} \end{cases} \quad (7.27)$$

式中:ζ_0 和 ξ_0 为无人机自主决策初始阈值,S_0 为调节决策阈值下攻击优势相对威胁程度优势度的最小值,ξ 的取值范围为 $[\xi_{\min}, \xi_0]$,ζ 的取值范围为 $[\zeta_{\min}, \zeta_0]$。图 7.6 所示为 $\zeta_0 = 0.4, \xi_0 = -0.2, \zeta_{\min} = 0, \zeta_{\max} = 0.75, S_0 = 0.5$ 时,ξ 和 ζ 的取值变化。

3. 降低无人机决策等级

当上述两种干预形式均失效时,则有人机(指挥员)将降低无人机决策等级,收回决策权。举例来说,若有 N 架无人机对同一目标执行攻击任务,$N'(1 \leqslant N' < N)$ 架无人机的决策结果为 Attack,$N-N'$ 架无人机的决策结果为 Unsure,则这 N 架无人机无法判定最终是否执行攻击任务,需要上交决策权给有人机。有人机收回决策权后,指挥员根据自身作战经验和智慧,决定无人机是否执行攻击任务或由有人机进行协同火力支援。

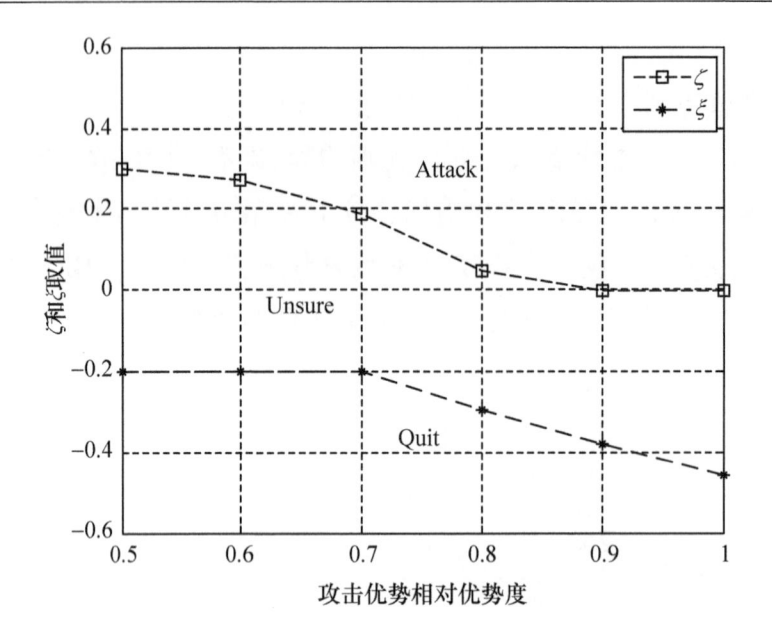

图 7.6　不同攻击优势相对优势度下的 ξ 和 ζ 取值

7.4　具体案例分析

在 CPU 配置为 Intel(R) Dual-Core 3.06GHz 的 Lenovo 计算机上使用 MATLAB 2019b 仿真软件,对权值矩阵生成和自主/干预决策过程两部分内容进行仿真实验。

7.4.1　权值矩阵集结生成

首先,对基于专家意见一致性检验的权值矩阵集结生成进行仿真实验。在参数设置方面,令 $N_e=5$,即表示共有 5 名专家参与权值矩阵的生成,各专家的权威度分别为 0.2、0.15、0.1、0.25 和 0.3,各专家以直觉模糊数形式给出各自经验下的权值,构成权重矩阵 $\widetilde{W}$ 为

第7章 协同目标攻击自主与干预决策方法

$$\widetilde{W} = \begin{matrix} \tilde{w}_7^{14} \\ \tilde{w}_8^{14} \\ \tilde{w}_9^{14} \\ \tilde{w}_{11}^{14} \\ \tilde{w}_{12}^{14} \\ \tilde{w}_{13}^{14} \\ \tilde{w}_8^{15} \\ \tilde{w}_{10}^{15} \\ \tilde{w}_{11}^{15} \\ \tilde{w}_{14}^{16} \\ \tilde{w}_{15}^{14} \\ \tilde{w}_{15}^{16} \\ \tilde{w}_{16}^{14} \\ \tilde{w}_{16}^{15} \end{matrix} \begin{bmatrix} e_1 & e_2 & e_3 & e_4 & e_5 \\ <0.48,0.42> & <0.45,0.45> & <0.36,0.59> & <0.52,0.38> & <0.32,0.63> \\ <0.30,0.65> & <0.24,0.71> & <0.21,0.74> & <0.19,0.76> & <0.22,0.73> \\ <0.89,0.11> & <0.82,0.13> & <0.71,0.24> & <0.85,0.15> & <0.58,0.32> \\ <0.22,0.73> & <0.18,0.77> & <0.25,0.70> & <0.20,0.75> & <0.10,0.90> \\ <0.71,0.24> & <0.73,0.22> & <0.50,0.40> & <0.80,0.15> & <0.56,0.34> \\ <0.90,0.10> & <0.88,0.12> & <0.55,0.35> & <0.93,0.07> & <0.68,0.27> \\ <0.35,0.60> & <0.29,0.66> & <0.28,0.67> & <0.41,0.49> & <0.38,0.52> \\ <0.75,0.20> & <0.78,0.17> & <0.95,0.05> & <0.68,0.27> & <0.92,0.08> \\ <0.68,0.27> & <0.57,0.33> & <0.62,0.33> & <0.71,0.24> & <0.65,0.30> \\ <0.45,0.45> & <0.53,0.37> & <0.80,0.15> & <0.58,0.32> & <0.77,0.18> \\ <0.18,0.77> & <0.30,0.60> & <0.45,0.45> & <0.16,0.79> & <0.55,0.35> \\ <0.40,0.50> & <0.38,0.52> & <0.71,0.24> & <0.43,0.47> & <0.62,0.33> \\ <0.24,0.71> & <0.20,0.75> & <0.08,0.87> & <0.16,0.79> & <0.10,0.85> \\ <0.60,0.30> & <0.58,0.32> & <0.85,0.15> & <0.49,0.41> & <0.91,0.09> \end{bmatrix}$$

从 $\widetilde{R}$ 出发,经过2次迭代,得到直觉模糊等价矩阵为

$$\widetilde{R}^4 = \begin{bmatrix} <1,0> & <0.97,0.02> & <0.90,0.07> & <0.97,0.03> & <0.90,0.07> \\ <0.97,0.02> & <1,0> & <0.90,0.07> & <0.97,0.03> & <0.90,0.07> \\ <0.90,0.07> & <0.90,0.07> & <1,0> & <0.90,0.07> & <0.96,0.04> \\ <0.97,0.03> & <0.97,0.03> & <0.90,0.07> & <1,0> & <0.90,0.07> \\ <0.90,0.07> & <0.90,0.07> & <0.96,0.04> & <0.90,0.07> & <1,0> \end{bmatrix}$$

设定一致性检验置信水平为 $<\omega,\eta> = <0.93,0.07>$,根据式(7.21),求得 $\widetilde{R}^4$ 的截矩阵为

$$\widetilde{R}_{0.93,0.07} = \begin{bmatrix} 1 & 1 & 0 & 1 & 0 \\ 1 & 1 & 0 & 1 & 0 \\ 0 & 0 & 1 & 0 & 1 \\ 1 & 1 & 0 & 1 & 0 \\ 0 & 0 & 1 & 0 & 1 \end{bmatrix}$$

根据聚类规则,得到聚类结果为 $E_1 = \{e_1, e_2, e_4\}$, $E_2 = \{e_3, e_5\}$,即专家 e_1、e_2 和 e_4 意见较为接近,划为一组 E_1,专家 e_3 和 e_5 划为另一组 E_2。E_1 的权威度之和为 0.6,E_2 的权威度之和为 0.4。因此,选取第一组聚类专家的意见进行集结,得到最终权值矩阵 $\widetilde{W}_0$。

$$\widetilde{W}_0 = \begin{matrix} \tilde{w}_7^{14} \\ \tilde{w}_8^{14} \\ \tilde{w}_9^{14} \\ \tilde{w}_{11}^{14} \\ \tilde{w}_{12}^{14} \\ \tilde{w}_{13}^{14} \\ \tilde{w}_8^{15} \\ \tilde{w}_{10}^{15} \\ \tilde{w}_{11}^{15} \\ \tilde{w}_{14}^{16} \\ \tilde{w}_{15}^{14} \\ \tilde{w}_{15}^{16} \\ \tilde{w}_{16}^{14} \\ \tilde{w}_{16}^{15} \end{matrix} \begin{bmatrix} <0.4900, 0.4099> \\ <0.2407, 0.7092> \\ <0.8584, 0.1305> \\ <0.2018, 0.7482> \\ <0.7560, 0.1931> \\ <0.9098, 0.0902> \\ <0.3618, 0.5647> \\ <0.7316, 0.2176> \\ <0.6693, 0.2703> \\ <0.5274, 0.3718> \\ <0.2038, 0.7312> \\ <0.4079, 0.4921> \\ <0.1974, 0.7525> \\ <0.5520, 0.3473> \end{bmatrix}$$

式中:e_0 为一虚拟专家,其专家意见为 e_1、e_2 和 e_4 的专家意见集结值。

7.4.2 自主/干预决策实现

在有人/无人机干预型混合式协同决策机制框架下,基于建立的协同决策模型,按照本地状态信息、外部环境信息和攻击目标信息的信息分类,设计作战想定。假设 $N = 4$,所有无人机异构,表 7.1 所示为作战信息想定。

第7章 协同目标攻击自主与干预决策方法

表7.1 有人/无人机干预型混合式协同决策作战信息想定

无人机		U_1	U_2	U_3	U_4
本地状态信息	$\tilde{C}_1$	10	01	11	11
	$\tilde{C}_2$	10	01	11	11
	$\tilde{C}_3$	11	11	10	11
	$\tilde{C}_4$	11	01	11	01
	$\tilde{C}_5$	10	01	11	11
外部环境信息	$\tilde{C}_7$	<0.90,0.10>	<0.85,0.15>	<0.88,0.12>	<0.70,0.25>
	$\tilde{C}_8$	<0.30,0.65>	<0.18,0.77>	<0.20,0.75>	<0.33,0.60>
	$\tilde{C}_9$	<0.55,0.35>	<0.19,0.76>	<0.27,0.68>	<0.35,0.60>
攻击目标信息	$\tilde{C}_{10}$	<0.18,0.77>	<0.21,0.74>	<0.42,0.48>	<0.25,0.70>
	$\tilde{C}_{11}$	<0.25,0.70>	<0.34,0.61>	<0.35,0.60>	<0.40,0.50>
	$\tilde{C}_{12}$	0.6	0.8	0.55	0.7
	$\tilde{C}_{13}$	0.5	0.55	0.43	0.65

令Ⅰ型导弹最优目标攻击距离为45km,Ⅱ型导弹最优目标攻击距离为65km,$\tilde{C}_{14}$、$\tilde{C}_{15}$和$\tilde{C}_{16}$的初始值均为<0.50,0.50>。根据表7.1中的作战信息想定,可以得到表7.2所示的无人机自主决策结果。

表7.2 无人机自主决策结果

	$\tilde{C}_{14}$	$\tilde{C}_{15}$	$\tilde{C}_{16}$	$f_1(\tilde{C}_{14})+f_2(\tilde{C}_{15})$	DR
U_1	<0.6429,0.2591>	<0.6533,0.2509>	<0.5387,0.3459>	−0.1822	Unsure
U_2	<0.7877,0.1426>	<0.6712,0.2370>	<0.5300,0.3574>	2.0000	Attack
U_3	<0.7733,0.1580>	<0.7353,0.1730>	<0.5381,0.3472>	2.0000	Attack
U_4	<0.7242,0.1958>	<0.7166,0.1855>	<0.5399,0.3439>	−0.0274	Unsure

从表7.2可以看出,对于U_1和U_4,决策结果为Unsure,需要启动有人机有限干预。首先,进行环境干预,令$H_{\max}=3$,考虑到有人机安全性,令$\tilde{C}_{16}$最大取值为<0.70,0.30>,每次推理迭代后,取各无人机推理得到的$\tilde{C}_{16}$最大值和<0.70,0.30>中的较大值输入进行下一步迭

175

代。表 7.3 所示为各迭代次数下的 $f_1(\tilde{C}_{14})+f_2(\tilde{C}_{15})$ 值，表 7.4 所示为第 3 次迭代时的 $f_1(\tilde{C}_{14})+f_2(\tilde{C}_{15})$、$\zeta$、$\xi$ 和置信度值。

表 7.3　各迭代次数下的 $f_1(\tilde{C}_{14})+f_2(\tilde{C}_{15})$ 值

gen	\multicolumn{4}{c}{$f_1(\tilde{C}_{14})+f_2(\tilde{C}_{15})$}
	U_1	U_2	U_3	U_4
1	−0.1822	2.0000	2.0000	−0.0274
2	0.2781	2.0000	2.0000	0.2145
3	0.2297	2.0000	2.0000	0.1729

表 7.4　第 3 次迭代时的 $f_1(\tilde{C}_{14})+f_2(\tilde{C}_{15})$、$\zeta$、$\xi$ 和置信度值

	ζ	ξ	$f_1(\tilde{C}_{14})+f_2(\tilde{C}_{15})$	DR	置信度
U_1	0.1685	−0.2166	0.2297	Attack	0.3063
U_2	0.4000	−0.2000	2.0000	Attack	1.0000
U_3	0.4000	−0.2000	2.0000	Attack	1.0000
U_4	0.2169	−0.2000	0.1729	Unsure	—

从表 7.4 可以看出，迭代 3 次后，U_4 的决策结果仍然为 Unsure，且 U_1 的决策置信度仍然不高。因此，需要降低无人机决策等级，由有人机（指挥员）收回决策权，根据无人机自主决策结果，作出最终决策。

参考文献

［1］ Johann U, Axel S. Task-based Guidnce of Multiple UAV Using Cognitive Automation［C］. Proc. of the Third International Conference on Advanced Cognitive Technologies and Applications, Rome, Italy, 2011.

［2］ Fabian S, Axel S. Mixed-initiative Interaction in Manned-Unmanned-Teaming Mission Planning: Design and Evaluation of a prototype［C］. Proc. of the AIAA Infotech @ Aerospace Conference, Kissimmee, Florida, U. S., 2015.

［3］ Joseph B M, Christopher A M, Ugur K, et al. A Human-System Interface with Contingency Planning for Collaborative Operations of Unmanned Aerial Vehicles［C］. Proc. of AIAA Information System Conference, Grapevine, Texas, U.S., 2017.

［4］ Sebastian C, Michael K, Axel S. UAV Capability Management Using Agent Supervisory Control［C］. Proc. of AIAA Guidance, Navigation, and Control Conference, Boston, MA, U.S., 2013.

［5］ 万路军, 姚佩阳, 孙鹏, 等. 有人/无人作战智能体任务联盟形成策略方法［J］. 空军工程大学学报(自然科学版), 2013, 14(3): 10-14.

［6］ 韩博文, 姚佩阳. 基于 Holon 组织的有人/无人机作战联盟形成［J］. 系统工程与电子技术, 2018, 40(1): 91-97.

［7］ Edison E, Shima T. Integrated Task Assignment and Path Optimization for Cooperating Uninhabited Aerial Vehicles Using Genetic Algorithm［J］. Computers & Operations Research, 2011, 38(1): 340-356.

［8］ Kevin L M, Dennis L. Decentralized Adaptive Scheduling Using Consensus Variables［J］. International Journal of Robust and Nonlinear Control, 2007, 17(11): 921-940.

［9］ Luca F B, Choi H L, Peter C, et al. Real-time Multi-UAV Task Assignment in Dynamic and Uncertain Environiments［C］. Proc. of AIAA Guidance, Nav-

igation, and Control Conference, Chicago, Illinois, U.S., 2009.
[10] Johnson L B, Ponda S S, Choi H L, et al. Asynchronous Decentralized Task Allocation for Dynamic Environments[C]. Proc. of AIAA Guidance, Navigation and Control Conference, Minneapolis, Minnesota, U.S., 2011.
[11] 刘跃峰, 张安. 有人机/无人机编队协同任务分配方法[J]. 系统工程与电子技术, 2010, 32(3): 584-588.
[12] 吴瑞杰, 孙鹏, 孙昱. 分布式任务计划动态调整模型及算法[J]. 系统工程与电子技术, 2017, 39(2): 322-328.
[13] Kandemir C, Handley H A, Thompson D. A Workload Model to Evaluate Distracters and Driver's Aids[J]. International Journal of Industrial Ergonomics, 2018, 63: 18-36.
[14] Zhang A, Tang Z L, Zhang C. Man-Machine Function Allocation Based on Uncertain Linguistic Multiple Attribute Decision Making[J]. Chinese Journal of Aeronautics, 2011, 24(6): 816-822.
[15] 陈晓栋, 刘跃峰, 陈哨东. 有人/无人机编队指挥控制系统决策分配[J]. 电光与控制, 2013, 20(5): 31-36.
[16] 张磊. 无人作战飞机自主决策技术研究[J]. 航空科学技术, 2014, 25(5): 49-53.
[17] Hu X X, Chen Y, Luo H. Robust Decision Making for UAV Air-to-Ground Attack under Severe Uncertainty[J]. Journal of Central South University, 2015, 22(11): 4263-4273.
[18] Zhen Z Y, Xing D J, Gao C. Cooperative Search-Attack Mission Planning for Multi-UAV Based on Intelligent Self-organized Algorithm[J]. Aerospace Science and Technology, 2018, 76: 402-411.
[19] 韩博文, 姚佩阳, 钟赟, 等. 基于 QABC-IFMADM 算法的有人/无人机编队作战威胁评估[J]. 电子学报, 2018, 46(7): 1584-1592.
[20] 王晓光, 章卫国, 陈伟. 无人机编队超视距空战决策及作战仿真[J]. 控制与决策, 2015, 30(2): 328-334.
[21] 钟赟, 张杰勇, 孙鹏, 等. 有人/无人机作战组织模型框架研究[J]. 战术导弹技术, 2023, (5): 164-174.
[22] 钟赟, 姚佩阳, 孙昱, 等. 有人/无人机任务联盟分阶段形成方法[J]. 系统工程与电子技术, 2017, 39(9): 2031-2038.
[23] 刘重, 高晓光, 符小卫, 等. 未知环境下异构多无人机协同搜索打击中的联盟组建[J]. 兵工学报, 2015, 36(12): 2284-2297.

参考文献

[24] Chen J, Qiu X J, Rong J, et al. Design Method of Organizational Structure for MAVs and UAVs Heterogeneous Team with Adjustable Autonomy[J]. Journal of Systems Engineering and Electronics, 2018, 29(2): 286-295.

[25] Van V D A, Lamont G B. On Measuring Multi-objective Evolutionary Algorithm Performance [C]. Proc. of the 2000 Congress on Evolutionary Computation, Piscataway, NJ, U.S., 2000.

[26] Han X, Bui H, Mandal S, et al. Optimization-Based Decision Support Software for a Team-in-the-Loop Experiment: Asset Package Selection and Planning[J]. IEEE Transactions on Systems, Man, and Cybernetics: Systems, 2013, 43(2): 237-251.

[27] Shetty V, Sudit M, Nagi R. Priority-based Assignment and Routing of a Fleet of Unmanned Combat Aerial Vehicles[J]. Computers & Operations Research, 2008, 35: 1813-1828.

[28] Andrew W. Decentralized Planning for Autonomous Agents Cooperating in Complex Missions [D]. Cambridge: Massachusetts Institute of Technology, 2010.

[29] Bahram A, Haibo W, Frank L. On the Flexible Demand Assignment Problems: Case of Unmanned Aerial Vehicles[J]. IEEE Transactions on Automatic Science and Engineering, 2011, 8(4): 865-868.

[30] Sujit P B, Sinha A, Ghose D. Multi-UAV Task Allocation Using Negotiation [C]. Proc. of the 3rd International Joint Conference on Autonomous Agents and Multi Agent Systems, 2006: 471-478.

[31] Manathara J G, Sujit P B, Beard R W. Multiple UAV Coalitions for a Search and Prosecute Mission[J]. Journal of Intelligent & Robot Systems, 2011 (62): 125-158.

[32] Sujit P B, Manathara J G, Ghose D, et al. Decentralized Multi-UAV Coalition Formation with Limited Communication Ranges[J]. Handbook of Unmanned Aerial Vehicles, 2015, 83: 2021-2048.

[33] Zhong Y, Yao P Y, Wan L J, et al. Intervention Decision-making in MAV/UAV Cooperative Engagement based on Human Factors Engineering[J]. Journal of Systems Engineering and Electronics, 2018, 29(3): 530-538.

[34] Prewett M S, Johnson R C, Saboe K N, et al. Managing Workload in Human-Robot Interaction: a Review of Empirical Studies[J]. Computers in Human Behavior, 2010, 26(5): 840-856.

[35] Savla K, Frazzoli E. A Dynamical Queue Approach to Intelligent Task Man-

agement for Human Operators[J]. Proceedings of the IEEE, 2010, 100(3): 672-686.

[36] Iqor C, Serge D, Pascal D. Model Building for Air-traffic Controllers´ Workload Regulation[J]. European Journal of Operational Research, 2002, 136(2): 324-332.

[37] 赵宁, 李亮, 杜彦华. 多阶段人机协同的炼钢-连铸调度方法[J]. 计算机集成制造系统, 2014, 20(7): 1675-1683.

[38] 刘维平, 聂俊峰, 金毅, 等. 基于任务-网络模型的装甲车辆乘员脑力负荷评价方法研究[J]. 兵工学报, 2015, 36(9): 1805-1810.

[39] Fitts P M. Human Engineering for an Effective Air Navigation and Traffic Control System[M]. Washington D C: National Research Council, 1951.

[40] Andy D, Michael H, Peter W. Allocation of Function: Scenarios, Context and the Economics of Effort[J]. Human Computer Studies, 2000, 52: 289-318.

[41] Braynov S, Hexmoor H. Quantifying Relative Autonomy in Multiagent Interaction[M]. New York: Agent Autonomy, Springer US, 2003.

[42] Brookshire J, Singh S, Simmons R. Preliminary Results in Sliding Autonomy for Assembly by Coordinated Teams[C]. Proc. of 2004 IEEE/RSJ International Conference on Intelligent Robots and Systems (IROS), Sendai, Japan, 2004.

[43] Mostafa S A, Ahmad M S, Ahmad A, et al. A Dynamic Measurement of Agent Autonomy in the Layered Adjustable Autonomy Model[M]. Switzerland: Springer International Publishing, 2014.

[44] Zhong Y, Yao P Y, Zhang J Y, et al. Formation and Adjustment of Manned/Unmanned Combat Aerial Vehicle Cooperative Engagement System[J]. Journal of Systems Engineering and Electronics, 2018, 29(4): 756-767.

[45] Levchuk G M, Levchuk Y N, Meirina C. Normative Design of Project-based Organizations- Part III: Modeling Congruent, Robust, and Adaptive Organizations[J]. IEEE Transactions on Systems, Mans, and Cybernetics-Part A: Systems and Mans, 2004, 34(3): 337-350.

[46] 姚佩阳, 万路军, 孙鹏, 等. 基于RHP-IVFSA的多智能体编组任务分配动态优化[J]. 系统工程与电子技术, 2014, 36(7): 1309-1319.

[47] 孙昱, 姚佩阳, 张少华, 等. 含区间参数的战场资源动态调度模型及算法[J]. 系统工程理论与实践, 2017, 37(4): 1080-1088.

[48] Evers L, Barros A I, Monsuur H, et al. Online Stochastic UAV Mission Planning with Time Windows and Time-sensitive Targets[J]. European Journal of Operational Research, 2014, 238(1): 348-362.

[49] Chen J, Xu J, Zhong L H. Limited Intervention Collaborative Decision Making of MAV-UAV Team Based on VFCM[C]. Proc. of 2016 IEEE International Conference on Services Computing. Hongkong: China, 2016.

[50] 陈军, 徐嘉, 高晓光. 基于 ABFCM 模型框架的 UCAV 自主攻击决策[J]. 系统工程与电子技术, 2017, 39(3): 549-556.

[51] 王勋, 姚佩阳, 孙昱, 等. 文化算法在有人/无人机协同作战目标分配中的应用[J]. 空军工程大学学报(自然科学版), 2016, 17(2): 21-25.

[52] Papageorgiou E I, Salmeron J L. A Review of Fuzzy Cognitive Maps Research during the Last Decade[J]. IEEE Transactions on Fuzzy Systems, 2013, 21(1): 66-79.

[53] Boutalis Y, Kottas T L, Christodoulou M. Adaptive Estimation of Fuzzy Cognitive Maps with Proven Stability and Parameter Convergence[J]. IEEE Transactions on Fuzzy Systems, 2009, 17(4): 874-889.

[54] Elpiniki I P, Stylios C D, Groumpos P P. An Integrated Two-level Hierarchical System for Decision-making in Radiation Therapy Based on Fuzzy Cognitive Maps[J]. IEEE Transactions on Biomedical Engineering, 2003, 50(12): 326-339.

[55] Li L, Zhang R T, Wang J. A Medical Diagnosis Method Based on Interval-valued Fuzzy Cognitive Map[C]. Proc. of 2017 IEEE 17th International Conference on Bioinformatics and Bioengineering. Washington DC, U. S., 2017.

[56] Cvaralho J P, Tome J. Rule Based Fuzzy Cognitive Maps: Fuzzy Casual Relations, Computational Intelligence for Modeling, Control and Automation[M]. Amsterdam: IOS Press, 1999.

[57] Elpiniki I, Dimitris K I. Intuitionistic Fuzzy Cognitive Maps[J]. IEEE Transactions on Fuzzy Systems, 2013, 21(2): 342-354.